Einfach leben

Einfach leben

DER GUIDE FÜR EINEN MINIMALISTISCHEN LEBENSSTIL

Homestories / Interviews / Interieur
Mode / Beauty / Tipps & DIYs

LINA JACHMANN

Mit Fotografien von Marlen Mueller

KNESEBECK

COLLECT
MOMENTS
NOT
THINGS

MEHR ZEIT, MEHR GLÜCK, MEHR GELD, MEHR FREIHEIT – MIT MINIMALISMUS

Was ist Minimalismus eigentlich genau? Ein Trend, ein Tool, eine Geisteshaltung oder eine Bewegung? Alle reden davon, aber wie geht das denn nun genau? Eine gute Nachricht vorweg: Beim Minimalismus gibt es keine festen Regeln. Es geht nicht darum, eine bestimmte Zahl an Besitztümern zu erreichen. Es gibt auch keine fixe Menge an Dingen, die aussortiert werden muss. Was für den einen noch viel zu viel ist, ist für den nächsten genau richtig. Es geht nicht darum, Dinge zu zählen, sondern darum, Platz für die Dinge im Leben zu schaffen, die uns wirklich glücklich machen.

Menschen interessieren sich aus den unterschiedlichsten Gründen für Minimalismus. Bei den einen ist es die Begeisterung für die cleane, aufgeräumte und geradlinige Ästhetik, bei anderen der Umweltaspekt und das Bedürfnis, möglichst ressourcenschonend in Einklang mit der Natur zu leben. Und wieder andere begreifen Minimalismus als Chance dazu, das eigene Leben in den Griff zu bekommen.

Einfach leben

Kommen Sie mit auf die Reise, bei der Sie den minimalistischen Lebensstil kennenlernen können – mit all seinen Facetten. Es geht hier nicht um eine dogmatische Schritt-für-Schritt-Anleitung – denn so funktioniert Minimalismus nicht. In diesem Buch geht es um Inspiration, um Menschen und ihre Geschichten, um Ideen, Produkte und Konzepte, die in den vier Kapiteln Wohnen, Mode, Körper und Lifestyle vorgestellt werden. Im Kapitel Wohnen können wir zum Beispiel einen Blick durch das Schlüsselloch werfen und sehen, wie verschiedene Minimalisten leben: von Joachim Klöckner, der insgesamt nur noch 50 Dinge besitzt und in einer Hängematte schläft, über Jenny und David Mustard, die nach Jahren des Vagabunden-Lebens aus dem Koffer nun erstmals überhaupt wieder sesshaft werden, bis hin zu Constantin Peyfuss, der auf acht Quadratmetern in einem Wohnwagen am Wasser lebt. Im Kapitel Mode geht es unter anderem um die Frage, wie viele Kleidungsstücke wir eigentlich wirklich brauchen und wie es gelingt, eine Garderobe, die nur noch aus Lieblingsteilen besteht, aufzubauen. Es geht um moderne nachhaltige, grüne Modelabels wie JAN 'N JUNE, die mit minimalistischen, cleanen Schnitten begeistern, und um das Sharing-Modell der Kleiderei, bei der Kleider wie Bücher ausgeliehen werden können. Im Kapitel Körper verrät uns beispielsweise die Make-up-Artistin Stella von Senger, warum sie auf Naturkosmetik schwört und welche Produkte am besten funktionieren. Dazu gibt es viele tolle DIY-Ideen für Peelings, Deo und Zahnpulver, die ganz einfach mit wenigen Zutaten – und auch locker mit zwei linken Händen – herzustellen sind. Um wenige frische, saisonale Zutaten geht es auch bei dem Besuch zwischen den Beeten im verwunschenen Schrebergarten von Lina Grün und ihrer Familie in Berlin und den köstlichen One-Pot-Rezepten. Im Kapitel Lifestyle bekommen wir unter anderem einen Einblick in den Zero-Waste-Alltag von Shia und Hanno Su, die zusammen nur ein Glas mit Abfall im Jahr

Den Kleiderschrank
zu entrümpeln, ist für
viele der Einstieg in die
Welt des Minimalismus.
Tipps ab Seite 14.

Minimalistisch, clean und
aufgeräumt – so wohnen
Minimalisten wie Jenny Mustard.
Seite 28.

Clean Mind – auch unser Geist kann entrümpelt und aufgeräumt werden. Zum Beispiel mit Meditation. Seite 227.

Clean Eating – Mia startet am liebsten mit einem Smoothie in den Tag. Seite 116.

> „Minimalismus bedeutet nicht, weniger zu haben. Es geht darum, Platz zu schaffen für die wichtigen Dinge im Leben."

produzieren, erfahren im Interview, was die beiden ehemaligen Stadtkinder Anna und Marcus von ihrem neuen Leben auf dem Land gelernt haben, und bekommen eine Vorstellung davon, wie das autarke Leben in einem Tiny House aussieht.

Dieses Buch soll inspirieren und dazu anregen, den eigenen Weg zum „Einfach leben" zu finden. Es ist vollkommen okay, sich von den Ideen, die hier präsentiert werden, nur die Rosinen herauszupicken, die einen persönlich überzeugen und von denen man das Gefühl hat, dass sie einen glücklich machen werden. Denn Minimalismus ist nicht schwarz-weiß und dogmatisch, sondern bunt und lebendig und so individuell wie jede Minimalistin und jeder Minimalist selbst. Die vorgestellten Konzepte und Ideen sind Anregungen, die man selbst ausprobieren und weiterdenken kann. Sie haben das gleiche Ziel: „Einfach leben".

Besitz belastet

Wir leben in einer Welt des Überflusses und der Reizüberflutung. Jeder Mensch in Westeuropa besitzt durchschnittlich ungefähr 10.000 Dinge. Einiges davon benutzen wir jeden Tag, und manches bereitet uns große Freude. Aber jeder hat schon einmal Dinge zu Hause gefunden, von denen er kaum noch wusste, dass er sie besitzt, oder kann auf Anhieb mehrere Sachen benennen, bei denen er schon oft überlegt hat, sie zu entsorgen. Sie stauben in irgendwelchen Schubladen und Regalen vor sich hin. Aber all diese Dinge sind wie Elektrogeräte auf Standby – sie entziehen uns permanent Energie. Auch – oder besonders – wenn sie nicht in Gebrauch sind. Gerade wenn Unordnung herrscht oder wir nicht zum Saubermachen kommen, fühlen wir uns schnell von unserem Besitz überwältigt, eingeengt und belastet.

Hallo Klarheit!

Was Minimalisten vereint, ist das Bedürfnis nach Klarheit. Ein minimalistischer, auf das Wesentliche reduzierter Lebensstil hilft dabei, einen Überblick und auch die Kontrolle über einzelne Bereiche des eigenen Lebens wiederzugewinnen. Minimalisten versuchen, die großen Fragen zu beantworten: Wie möchte ich leben? Womit verbringe ich meine Zeit? Wie viel Geld gebe ich eigentlich aus und wofür? Umgebe ich mich mit Dingen und Menschen, die mich glücklich machen? Wenn wir entrümpeln und uns von Überflüssigem befreien, fällt es uns automatisch leichter, zu fokussieren und Antworten zu finden. Wir können viel Zeit sparen, weil wir weniger aufräumen, saubermachen oder Dinge suchen müssen. Von der neuen Klarheit können wir in allen Lebensbereichen profitieren.

Entscheidungen treffen

Sobald wir unseren Besitz reduzieren, verändert sich die Beziehung zu den Dingen, die wir besitzen, schlagartig. Es sind plötzlich keine wahllosen, anonymen Gegenstände, die zufällig, auf fast mysteriöse Art und Weise, ihren Weg in unser Leben gefunden haben. Ganz im Gegenteil: Wir haben uns für jeden einzelnen Gegenstand ganz bewusst entschieden – weil wir ihn brauchen und lieben.

Wir haben uns mit den Dingen, die uns umgeben, beschäftigt und jeden Gegenstand mit Bedacht und großer Sorgfalt ausgesucht. Wir haben so lange reduziert, bis wir die für uns optimale Menge an Dingen erreicht haben. Wenn wir bewusst bei unserer persönlichen „Null", der für uns richtigen Anzahl von Dingen, angekommen sind, haben wir den für uns perfekten Zustand erreicht. Statt überfordert und gestresst zu sein, können wir mit den Dingen, die wir besitzen, glücklich sein und müssen nicht mehr weitersuchen und optimieren.

Im Alltag müssen wir jeden Tag sehr viele kleine Entscheidungen treffen – Studien sprechen von rund 20.000 Entscheidungen. Dazu gehört auch: Welches Shampoo nehme ich? Was ziehe ich heute an? Habe ich Zeit, mir zu Hause einen Kaffee zu kochen, oder kaufe ich mir einen auf dem Weg? Ein einfacher Lebensstil hilft uns dabei, den Überblick über unser Leben zu bekommen und Entscheidungen gezielter, schneller und besser zu treffen. Denn mit weniger Dingen, die uns umgeben und belasten, entfallen Möglichkeiten – die uns ohnehin eher verwirrt als bereichert haben. Zudem haben wir vorher schon genauer fokussiert und wissen besser, was wir wollen – und was wir brauchen.

Grüne Minimalisten

Auch beim Einkaufen spielt eine minimalistische Haltung eine große Rolle. Minimalisten kaufen in erster Linie natürlich weniger und seltener, aber auch bewusster ein. Denn wenn aus den vielen Dingen, mit denen wir uns umgeben, plötzlich wenige werden, kommt jedem einzelnen mit einem Mal eine größere Bedeutung zu. Wenn Minimalisten kaufen, dann oft mit einem kritischen Blick auf die Produkte und die Unternehmen hinter den Produkten. „Grüne Minimalisten" informieren sich gerne gründlich. Wenn sie ein neues T-Shirt kaufen wollen, möchten sie natürlich genau wissen, wie und wo es unter welchen Bedingungen produziert wurde, aus welchem Material es hergestellt ist und für welche Werte die Firma steht, die das Produkt herstellt. Sie erwägen, ob sie sich für den schnellen Kaffee auf die Hand in einem Pappbecher mit Plastikhaube, der danach sofort im Müll landet, entscheiden, oder ob sie sich eine kleine Auszeit nehmen und den Kaffee in Ruhe im Café aus einer richtigen Tasse genießen, die gut in der Hand liegt. Statt eines Shampoos aus der Plastikflasche entscheiden sie sich vielleicht für ein unverpacktes Stück feste Shampooseife, das sich zudem besser dosieren lässt. Sie entscheiden aktiv, ob sie in Plastik verpackte Fertigprodukte im Discounter kaufen oder gemütlich über den Markt schlendern und dort frische, unverpackte Lebensmittel aus der Region mit nach Hause nehmen. Offline kaufen, bei kleinen Geschäften, die großen Wert auf die Qualität der Produkte legen, die sie anbieten, steht im Vordergrund und bietet einen unbezahlbaren Mehrwert zu billig produziertem „Fast Food" oder „Fast Fashion". Mit der Kaufentscheidung werden Läden und Firmen unterstützt, die fair, nachhaltig und ökologisch orientiert handeln.

> „Wir haben oft zu
> viele Dinge und zu wenig
> Zeit: Minimalismus hilft!"
>
> LINA JACHMANN

Warum weniger alle glücklicher macht

Minimalisten sehen sich als Verbraucher und nicht als Konsumenten. Sie kaufen nur das, was sie wirklich (ver-)brauchen. Mit einem minimalistischen Lebensstil wird automatisch weniger und gezielter eingekauft. Denn wenn wir nur noch wenige Gegenstände besitzen, die uns gut gefallen, gehen wir mit ihnen sorgfältiger um und entscheiden uns für Dinge mit einer langen Lebensdauer. Wenn Minimalisten etwas Neues brauchen, suchen sie bevorzugt nach Konzepten, Produkten und Firmen, die alle glücklich machen: die Käufer, die Menschen, die daran arbeiten, und die Umwelt: Das ist dann nicht nur eine Win-win-Situation, sondern gleich win-win-win!

Weniger kaufen – mehr machen

Do it yourself – Dinge selber herzustellen – ist auch unter Minimalisten ein großer Trend. Es macht Spaß, man weiß genau, was drin ist, und spart dabei oft eine Menge an Kosten, Verpackungen und Lieferwegen ein. Außerdem macht einen etwas Selbstgemachtes ungleich glücklicher als ein gekauftes Produkt! Für Dinge, die wir zwar ab und zu brauchen, aber gar nicht selber besitzen wollen oder müssen, gibt es Sharing-Konzepte. Hier ersetzt die funktionierende Gemeinschaft den Besitz – und der Kontakt mit neuen, ähnlich denkenden Menschen kann uns Energie geben, inspirieren und uns auf neue Gedanken bringen!

An die Stelle von Konsum können nun andere Ziele und Werte rücken. Plötzlich haben wir wieder Zeit, Kraft und natürlich auch mehr Geld für die ganzen schönen Dinge, die wirklich wichtig sind und zufrieden machen. Zeit, um Momente mit der Familie und Freunden zu verbringen, etwas selberzumachen, aktiv zu sein, zu reisen, etwas Neues zu entdecken oder zu lernen, anderen zu helfen, Zeit für Auszeiten, Besinnung und stille Momente, Veränderung, Wachstum, Natur zu erleben, Gesundheit, Freude und Liebe. Der minimalistische Lebensstil hilft uns dabei, alles Überflüssige loszulassen und die Aufmerksamkeit auf das Wesentliche zu richten: glücklich zu sein.

Denn Minimalismus bedeutet: „Einfach leben".

Herzlich,
Lina Jachmann

EINFACH LEBEN – ABER WIE?

Weniger ist mehr

Es gibt Menschen, die eine ganz genaue Vorstellung oder eine konkrete Zahl im Kopf haben, wie viele Dinge sie besitzen möchten, um glücklich zu sein. Andere kommen über die visuelle Schiene und malen sich aus, wie clean und ordentlich ihr Kleiderschrank, ihre Wohnung und ihr Leben aussehen soll. Und wieder andere möchten den minimalistischen Lebensstil einfach mal ausprobieren, ein bisschen leichter leben und abwarten, was passiert.

Wenn wir es uns vorstellen können, ist es schon fast geschafft

Bevor wir mit dem Entrümpeln loslegen, hilft es, wenn wir uns Gedanken darüber machen, mit welchem Ziel wir uns von Dingen trennen möchten. Es ist sehr motivierend, wenn wir uns unsere Ziele und Träume bildlich vorstellen. Entweder digital, zum Beispiel mit Hilfe von Pinterest, oder analog mit Stift, Papier, Schere, Kleber und Zeitschriften. Mit den Bildern können wir uns ein Moodboard für jedes Thema, das uns gerade beschäftigt, erstellen. Wie soll die Wohnung genau aussehen? Wie Küche oder Kleiderschrank? Welche Kleidung möchte ich tragen? Wie will ich meine Zeit verbringen? Was möchte ich im nächsten Jahr erreichen? Es hilft dabei, uns darüber Klarheit zu verschaffen, was wir eigentlich möchten, was uns besonders anspricht, in welchen Situationen wir uns wohl und entspannt fühlen. Die Bilder, Schnipsel, Worte und Gedanken, die sich so zu einer Collage zusammenfügen, unterstützen uns dabei, im Prozess des Entrümpelns nicht verloren zu gehen. Denn das Aufräumen, Entrümpeln und Sammeln neuer Konzepte und Ideen im Bereich Minimalismus allein soll ja kein Selbstzweck bleiben, sondern unser Leben nachhaltig verbessern.

Abschied nehmen

Es gibt verschiedene Wege und Methoden, um zu entrümpeln. Manche Leute geraten regelrecht in eine Art Rausch und können erst aufhören, wenn der Idealzustand erreicht ist. Sie drehen die Anlage auf und misten ein paar Tage am Stück rigoros aus, bis die Mülltonne voll und die Wohnung leer ist. Einige packen alle ihre Besitztümer in Umzugskartons und holen sich einen Monat lang nur genau die Dinge daraus zurück, die sie wirklich brauchen. Die übrigen Kartons und Gegenstände werden nach vier Wochen entsorgt. Wieder andere gehen sehr behutsam vor und nehmen langsam über Tage, Wochen und Monate Abschied von Gegenständen und suchen, wann immer es möglich ist, nach einem neuen Besitzer für die Dinge. Manche machen es auch spielerischer und trennen sich jeden Tag von einem Gegenstand. Alle Wege sind gut und erfolgreich. Für welchen wir uns entscheiden, ist aber eigentlich gar nicht so wichtig! Wenn es einmal „klick" im Kopf gemacht hat und wir verstehen, dass weniger an Besitz wirklich mehr Lebensqualität bedeutet, fällt es uns ganz leicht, uns von Dingen zu trennen. Mit jedem Teil, von dem wir uns trennen, lernen wir mehr, loszulassen.

„Jeder Mensch sucht
nach Halt. Dabei liegt der
einzige Halt im Loslassen."
– Hape Kerkeling

„Buy less. Do more": Das Moodboard
sorgt für Inspiration und Motivation.

Diese Tipps helfen dabei, den Stein ins Rollen zu bringen:

Der Moment der Wahrheit

Wenn wir einen Bereich, zum Beispiel den Kleiderschrank, aussortieren möchten, ist es wichtig, erst einmal alles aus dem Schrank zu holen. So bekommen wir einen Überblick darüber, was wir im Einzelnen besitzen.

Dabei sollte man sich nichts vormachen und auch aus der ganzen Wohnung, dem Keller und dem Auto die Dinge, die zu einem Lebensbereich, einer Kategorie, gehören, zusammentragen.

Die Dinge in die Hand nehmen

Anfassen und fühlen. Wenn uns der Gegenstand nicht bereichert, darf er gehen. Nur wenn wir die Sachen wirklich in die Hand nehmen und spüren, entwickeln wir ein konkretes Gefühl für sie. Nach einem schnellen Blick nur im Kopf abzuschätzen, reicht oft nicht aus.

Die Lieblinge aussuchen

Es ist besser, positiv zu bestimmen, was wir behalten möchten, als nur negativ darüber zu entscheiden, was weg kann. Wenn wir zum Beispiel unsere Kleidung aussortieren möchten, hilft es, wenn wir uns ganz gezielt unsere Lieblingsstücke raussuchen. Mit ein bisschen Übung fällt dieser Entscheidungsprozess immer leichter.

Die Ein-Jahres-Regel

Alle Gegenstände, die ein Jahr nicht benutzt worden sind, werden bestimmt auch in der Zukunft nicht vermisst werden. Weg damit!

Die 20-20-Regel

Alles, was in 20 Minuten und mit weniger als 20 Euro ersetzt werden kann, darf gehen. Wozu sollen wir all den kleinen billigen Krimskrams aufheben, wenn er uns belastet und wir ihn doch schnell wieder ersetzen können? Und wenn er einmal weg ist, vielleicht brauchen wir ihn auch gar nicht wirklich? Im besten Fall freut sich jemand anders darüber.

Die 80-20 Regel

Wir benutzen 20 Prozent unserer Sachen 80 Prozent der Zeit. Wenn wir beobachten, welche Dinge zu welcher Kategorie gehören, können wir schneller und entschlossener aussortieren.

Die Salami-Taktik

Wenn das große Ganze uns einschüchtert, nach dem Prinzip Scheibe um Scheibe, Bereich für Bereich und, falls nötig, Schublade für Schublade nacheinander durchgehen und aussortieren. Wenn wir so viele Sachen angehäuft haben, dass das Aufräumen zu einem echten Problem geworden ist, lieber kritisch überlegen: Was brauche ich davon wirklich noch? Was lässt sich nicht ersetzen? Was macht mich wirklich glücklich? Was bereichert mein Leben?

Übung

Setzen Sie sich mit Zettel und Stift bewaffnet in ein Café oder auf eine Parkbank und gehen Sie Ihre Wohnung Raum für Raum und Schrank für Schrank in Gedanken durch. An welche Dinge können Sie sich erinnern? Notieren Sie alles, was Ihnen sofort einfällt. Wieder zu Hause, können Sie diese abgleichen und werden überrascht sein, an welche Dinge Sie gar nicht gedacht haben. Diese Übung ist eine gute Entscheidungshilfe dafür, welche Dinge eine Rolle in Ihrem Leben spielen und welche vielleicht aussortiert werden können.

*„Minimalismus hilft
dabei zu lernen,
Entscheidungen zu treffen.“*

Keep or toss? So einfach geht's!

Entrümpeln ist eigentlich ganz einfach und kann sogar Spaß machen. Das Prinzip ist immer gleich: Zuerst müssen wir uns einen Überblick verschaffen und dafür alle Dinge aus der jeweiligen Kategorie möglichst auf einem Haufen zusammentragen. Nun Teil für Teil in die Hand nehmen und entscheiden, ob es wirklich dringend benötigt wird und das eigene Leben bereichert. Wenn Sie darüber nachdenken, wird es mit ein bisschen Übung immer leichter von der Hand gehen. Die Dinge, die kein Gefühl in Ihnen auslösen, wandern auf den Müll. Kaputtes, das sich nicht mehr reparieren lässt, natürlich auch. Gegenstände, die noch gut erhalten sind und von denen Sie sich deswegen schwer trennen können, werden verkauft oder weitergegeben. Das ist nachhaltiger und es ist schön zu wissen, dass sich jemand anders darüber freut – es hilft auch beim Abschiednehmen. Achten Sie aber darauf, es nicht zu gut zu meinen. Sicher kennen Sie auch die Dinge, die Sie von anderen bekommen haben und die nun bei Ihnen ein tristes, ungeliebtes Dasein führen. Besonders von Sachgeschenken und sentimentalen Gegenständen fällt es uns manchmal schwer, uns zu trennen. Wir denken, dass es den Absender des Geschenks verletzen könnte, wenn wir uns nicht über das Geschenk freuen. Tatsächlich ist aber der liebe Gedanke, Ihnen eine Freude machen zu wollen, das wahre Geschenk. Dieses Geschenk bleibt, auch wenn der Staubfänger ausrangiert wird.

Ordnung, die bleibt

Die wenigen, sorgfältig ausgewählten Dinge, die bleiben dürfen, ziehen sofort an ihren neuen festen Platz – am besten beginnt man auch damit, alles gleich neu zu sortieren und mit System wegzuräumen, damit es nun länger aufgeräumt und ordentlich bleibt. Nachdem wir etwas benutzt haben, legen wir es umgehend wieder an seinen Platz zurück. Es macht sicher am Anfang Mühe, den inneren Schweinehund zu überwinden, aber so sparen wir unglaublich viel Zeit und Nerven, wenn die Unordnung nicht wieder überhandnimmt und wir nach nichts mehr suchen müssen.

Erste Schritte

DER MINIMALISMUS-MONAT

Die Minimalismus-Challenge
Für alle, die eine sportliche Herausforderung mögen oder sich dem Thema gerne spielerisch nähern, kommt hier die Minimalismus-Challenge. Einen Monat lang wird jeden Tag ein anderer Themenbereich unter die Lupe genommen und entrümpelt. Jede der vier Wochen ist einem der Kapitel Wohnen, Mode, Körper und Lifestyle gewidmet.

1
Erster Schritt
am ersten Tag ein Teil aussortieren,
am zweiten Tag zwei und so weiter

2
Stehrümchen –
verstaubte Dekoration aussortieren

3
Fünf pro Raum –
aus jedem Zimmer fünf Dinge
aussortieren

4
Unerwünschte Post –
alle lästigen Newsletter, Kataloge und
Werbesendungen abbestellen

5
Bücherwanderung –
zehn gelesene Bücher
an Freunde weitergeben

6
Spring Cleaning –
die Wohnung pflegen,
alle glatten Flächen wischen

7
Keller –
den Keller und die Abstellkammer
gnadenlos entrümpeln

8
Grüne Mitbewohner –
eine schöne Pflanze anschaffen

9
Konsumstreik –
eine bestimmte Zeit lang keine
neue Kleidung kaufen

10
Schuldgefühle –
Teile, in denen wir uns nicht gut fühlen,
müssen gehen

11
Schrankleichen –
alle Teile aussortieren, die ein Jahr
lang nicht im Einsatz waren

12
Kleidertausch –
Freunde zur gemeinsamen
Kleidertauschparty einladen

13
Schöner Schmuck –
die zehn Lieblingsteile aussuchen,
den Rest aussortieren

14
Capsule Wardrobe –
eine Garderobe aufbauen, die nur noch
aus Lieblingsteilen besteht

15
Secondhand –
ein benötigtes Kleidungsstück
gebraucht kaufen

16
Frische Luft –
draußen Sport machen,
egal bei welchem Wetter

17
Wasser trinken –
einen Tag nur Leitungswasser und
ungesüßten Tee trinken

18
Clean Eating –
einen Tag nur frisches Obst und Gemüse essen

19
Bewegung –
eine Woche nur die Treppen
anstelle des Aufzugs nehmen

20
Badezimmer –
alle Produkte aussortieren, die nicht
mehr benutzt werden

21
DIY –
ein Pflegeprodukt selber herstellen

22
Ganz natürlich –
einen Tag kein Make-up tragen

23
Dankbarkeit –
ein Dankbarkeitstagebuch anfangen
und alle schönen Momente festhalten

24
Aufbrauchen –
einmal die Vorratsschränke
leeressen

25
Digital detoxen –
24 Stunden offline gehen und
das Smartphone ausstellen

26
Unverpackt einkaufen –
einen Tag nur Dinge ohne
Verpackungen kaufen

27
Defrienden –
alle Leute und Kontakte
aussortieren, die nicht guttun

28
Meditation –
zehn Minuten meditieren

29
Geistige Hygiene –
nicht lästern, sondern zuhören
und achtsam sprechen

30
Me-Time –
zur Belohnung ein Schaumbad,
eine Massage, ein leckeres Essen

MINIMALISMUS

WOHNEN

Ein aufgeräumtes Zuhause ist der perfekte Rückzugsort, um neue Kraft zu tanken. Denn Dinge rücken in den Hintergrund oder sind nur Statisten, wenn es darum geht, zu kochen, zu spielen, zu lernen, zu lachen, Freunde einzuladen, kurz: das Leben zu feiern.

GROSSES HAUS –
GROSSES GLÜCK?

Ein Blick auf die steigenden Quadratmeterzahlen in Deutschland lässt vermuten: Viel hilft viel. Das suggerieren zumindest die aktuellen Zahlen des Statistischen Bundesamtes. Hatten wir 1991 noch durchschnittlich 34,9 Quadratmeter zur Verfügung, lebt der Durchschnitt heute auf 46,5 Quadratmetern Wohnfläche, während gleichzeitig die Anzahl an Single-Haushalten extrem zugenommen hat. Aber mehr Platz bedeutet nicht zwangsläufig mehr Glück und Zufriedenheit. Mehr Platz kann auch höhere Kosten, mehr Zeit zum Aufräumen und Reinigen, mehr unnütze Dinge und mehr Staub bedeuten.

Urlaub im Alltag

Zu Hause warten oft ungeliebte und unerledigte Aufgaben auf uns. Im Urlaub dagegen setzt, kaum angekommen, sofort die Entspannung ein. Die Lasten des Alltags sind schnell vergessen. Hier gibt es nichts zu tun, außer den Dingen, auf die wir uns freuen. Im Hotelzimmer, der Airbnb-Wohnung oder dem Ferienhäuschen gibt es nur die Sachen und Möbel, die wirklich benötigt werden: Tisch, Stuhl, Bett und vier Teller im Schrank. Das sind nur sehr wenige Dinge. Wir kommen hier schnell zur Ruhe, sodass wir wieder Kraft und Energie haben, um etwas zu unternehmen oder etwas Neues auszuprobieren. Doch dieses leichte, unbeschwerte Gefühl können wir auch im Alltag erreichen – wenn wir uns von Überflüssigem, das uns belastet und rastlos macht, verabschieden. Constantin Peyfuss (Seite 65) lebt deswegen zum Beispiel dort, wo andere Urlaub machen – in einem Wohnwagen direkt am Wasser.

Bedarf ermitteln

Um diesen Lebensstil zu erreichen, hilft es, genau zu hinterfragen: Wie möchte ich leben, und was macht mich glücklich? Der finnische Dokumentarfilmer Petri Luukkainen hat dazu ein spannendes Selbst-Experiment durchgeführt. Er hat ausnahmslos alle Dinge, die er besitzt, in ein Storage gebracht und erlaubt es sich, jeden Tag genau eine Sache zurückzuholen. Das Experiment dauert ein Jahr, und in dieser Zeit darf er keinerlei neue Dinge kaufen. Der Dokumentarfilm *My Stuff – Was brauchst Du wirklich?* beginnt damit, dass Petri nackt auf dem Boden seines komplett leeren Apartments erwacht. Minimalistisch zu leben, bedeutet aber zum Glück nicht zwangsläufig, so gut wie keine Dinge mehr besitzen zu dürfen. Die „richtige" Zahl an Besitztümern ist sehr individuell. Joachim Klöckner (Seite 34) hat sich zum Beispiel auf eine Zahl von 50 Dingen eingependelt. Mehr Dinge wären ihm zu viel. Wenn ich jedoch leidenschaftlich gerne koche, darf ich natürlich alle Dinge, die man dafür benötigt, besitzen – denn es macht mir dann ja auch Spaß, sie zu pflegen und zu benutzen. Wer gerne Freunde einlädt, kann ein Zimmer mit großem Tisch und vielen Stühlen dazu einrichten und in einer großen Vitrine Geschirr sammeln, das nicht nur angeschaut, sondern mit Freude aufgetischt wird. Lea Korzeczek und Matthias Hiller (Seite 42) sind dafür ein gutes Beispiel.

Wer gerne Klavier spielt, kann dafür Platz schaffen. Wenn aber das Klavier nur daran erinnert, dass wieder mal geübt werden sollte, und bei uns ein schlechtes Gewissen auslöst, dann sollte es weiterziehen zu jemandem, dem es Freude bereitet. Es ist wichtig, sich Gedanken zu machen und zu überlegen, für welche Situationen und Anlässe die Wohnung aktuell eingerichtet ist und ob die Möbel und Gegenstände zu der eigentlich gewünschten Nutzung passen. Wenn nicht, sollte man, ohne sich zu zieren, sagen: Auf Wiedersehen!

Tipp: Wenn wir uns vorstellen, dass wir mit unseren Händen, Füßen und dem Körper Spuren auf den Flächen, Möbeln und Dingen hinterlassen, die wir berühren – welche Dinge wären dann nach einer Woche farbig, und welche hätten wir gar nicht berührt oder benutzt?

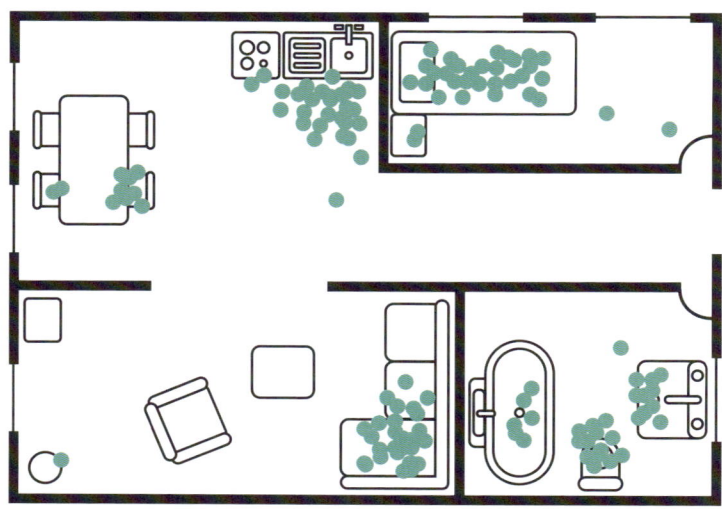

> „Habe nichts in deinem Haus, von dem du nicht glaubst, dass es nützlich oder schön ist."
> – William Morris

Happy Home

Unser Zuhause soll der Ort sein, an dem wir uns geborgen fühlen. Unsere Höhle und Heimat – der Ort, an dem wir wachsen, spielen, tanzen, lernen, schlafen, kochen, streiten und vergeben, lieben und einfach leben. Wenn wir uns dabei ertappen, dass wir nur noch putzen, aufräumen, Dinge suchen oder keinen Besuch mehr einladen mögen, weil wir uns in unserer Wohnung nicht mehr glücklich fühlen, dann ist es Zeit zu reduzieren. Ein ordentliches, pflegeleichtes Zuhause, in dem wir gerne Zeit verbringen und auftanken können, ist ganz nah. Es ist momentan vielleicht nur unter ein paar Schichten an ungeliebten und unbenutzten Dingen begraben. Wir können es aber wie ein Archäologe freilegen und ihm zu neuem Glanz verhelfen.

Wenige Dinge – wenig Unordnung

Wenn alle Dinge einen festen Platz bekommen, ist es eigentlich ganz einfach, die Ordnung zu bewahren. Noch leichter gelingt es mit der Eine-Minute-Regel: Alle Aufgaben, die in weniger als einer Minute erledigt werden können, ohne zu zögern einfach sofort machen. Das hilft nicht nur dabei, die Wohnung ordentlich, sondern auch sauber zu halten. Noch mehr Tipps, die im Handumdrehen für Ordnung und frische Sauberkeit sorgen, finden sich ab Seite 80. Wenn alles entrümpelt ist, lässt es sich herrlich leicht über die freien Flächen wischen. Zur Reinigung benutzt man dann am besten auch Produkte, die einem ebenfalls Freude bereiten und mit denen es Spaß macht, das Zuhause zu pflegen.

Homestory

NEO-MINIMALISMUS!

„Wir gewöhnen uns gerade erst daran, überhaupt wieder Sachen zu haben", beginnt Jenny die Geschichte zu Ihrem Berliner Zuhause zu erzählen. Die beiden Schweden sind in ihrem Leben sehr oft umgezogen und haben viele Jahre in London gelebt, bevor sie nach Berlin gezogen sind. Die letzten zweieinhalb Jahre hatten Jenny und David gar keine eigene Wohnung und haben aus zwei großen Koffern gelebt. „Ich freue mich sehr, hier nun eine Home-Base zu haben."

Ein schmales Regal dient als Ablage neben dem Bett für Brille, Buch und Wasserglas. Hier gibt es nichts Überflüssiges, das den Schlaf stören könnte.

Für Jenny gibt es zwei Arten von Minimalisten: Menschen, die einfach schon immer so waren, und andere, die unzufrieden und unglücklich mit ihrem Leben waren und Minimalismus als Lösung entdeckt haben. Jenny war schon immer so. Sie mag es aufgeräumt und ordentlich. „Ich habe mich nie groß für Shopping und Geld interessiert. Ich mag es, die Dinge so einfach wie möglich zu halten – mich leicht und mobil zu fühlen. Mein Vater ist auch so."

Für David war der minimalistische Lebensstil anfangs neu und ungewohnt. „Ich hatte zuerst noch ‚normal' viele Dinge. Aber dann habe ich durch Jenny die Vorteile dieses Lebensstils entdeckt. Jetzt möchte ich nicht mehr anders leben. Es ist eine Erleichterung, nicht einkaufen zu gehen, nicht das Gefühl haben zu müssen: Oh, hier ist mein Paycheck, und jetzt gehe ich shoppen. Oder Frustkäufe zu tätigen, weil man traurig ist." Für David ist das auch einer der Gründe, warum sich so viele Menschen zum Minimalismus hingezogen fühlen: um damit den negativen Kreislauf des Kaufens zu unterbrechen. „Das ist wie mit Junkfood. Du fühlst dich schlecht und isst Schrott. Und dann fühlst du dich noch schlechter, weil du Schrott gegessen hast", fügt Jenny hinzu.

Es geht ihnen beim Minimalismus nicht darum, möglichst wenige Dinge zu besitzen und den Besitz immer weiter zu reduzieren. Jenny fragt sich einfach immer: „Benutze ich das wirklich? Warum behalte ich es? Macht es mich glücklich, oder löst es ein schlechtes Gefühl in mir aus? Wenn ich zu viele Dinge habe und es mich stresst, dass es unruhig und unaufgeräumt ist, dann reduzieren wir wieder ein bisschen, und ich fühle mich wieder gut."

Jenny Bergqvist & David Sjölin / 31 / 32
Minimalismus-, Fashion- und Lifestyleblogger
Berlin-Prenzlauer Berg

„Ich war schon immer Minimalistin. Ich hatte früher nur kein Wort dafür."

Nun haben die beiden sich entschieden, in Berlin die Zelte aufzuschlagen und zum ersten Mal seit vielen Jahren eine eigene Wohnung einzurichten. „Wir lassen uns viel Zeit mit der Auswahl und achten auf Qualität. Wir möchten uns nur mit hundertprozentigen Lieblingsstücken umgeben, Dingen, die uns etwas bedeuten. Wir wollen nicht einfach zu IKEA gehen – auch wenn wir Schweden sind. Gerade haben wir uns einen großen Tisch gebaut – unser erstes DIY", erzählt David stolz.

In der Küche sind Jenny und David schon lange DIY-Profis. „Wir kaufen keine verarbeiteten Lebensmittel und machen alles selber – außer Schokolade", erzählt Jenny lachend. Sie fermentiert zum Beispiel selber Kimchi und Sauerkraut und experimentiert damit, Tofu herzustellen. Ihren Minimalismus wendet Jenny nicht nur auf die Wohnung und den Kleiderschrank an, sondern auch auf Rezepte. „David und ich lieben einfache, vegane und gesunde

Rezepte. Ich bin immer wieder überrascht davon, wie viel man weglassen kann – ohne Kompromisse beim Geschmack machen zu müssen. Pancakes zum Beispiel: Die werden auch ohne Eier superfluffig!" Für ein vereinfachtes Granola nimmt Jenny, anstatt Sirup und Öl zu verwenden, einfach eine Banane. „Wenn ich neue Rezepte entwickle, frage ich mich immer: Braucht man das? Das geht doch bestimmt ohne! Warum soll ich irgendeine ganz verrückte Zutat kaufen, die ich dann nie wieder benutze ..."

Beide arbeiten als Freelancer von zu Hause aus und kreieren von hier aus auch den Großteil des Contents für Jennys Blog und gleichnamigen Youtube-Kanal *Jenny Mustard – maximal life for the minimalist*. Damit die Tage trotz Home-Office Struktur bekommen, haben die zwei ein eigenes System entwickelt. Jeder Abend in der Woche steht unter einem festen Motto. „So können wir uns

Den Tisch haben Jenny und David selbst gebaut – mit einer Platte aus dem Baumarkt.

jeden Tag auf etwas freuen. Wir haben zum Beispiel den Abend, an dem wir etwas Neues lernen. Oder wir haben unsere ‚Asian Night', da kochen wir asiatisch und schauen einen asiatischen Film".

Jenny und David nennen ihren Lebensstil „Neo-Minimalismus". „Viele Leute haben heutzutage alles, was sie brauchen, und mehr: einen guten Job, eine schöne Wohnung oder ein Haus, ein Auto und sehr viele Dinge. Sie begeben sich bewusst auf die Reise und probieren Minimalismus aus. Aus dem Überfluss heraus, um weniger zu besitzen, weniger zu arbeiten, das Leben zu vereinfachen und mehr zu genießen, um einfach glücklicher zu sein. Diese Bewegung ist großartig. Minimalismus hilft, den Fokus zu finden und zu priorisieren. Wie möchte ich leben? In welcher Stadt, mit welchem Job, mit welchen Hobbys und mit welchen Menschen?"

Für Jenny und David ist Minimalismus selbst kein Ziel. Es ist einfach der Weg für die beiden dahin, sich gut zu fühlen. Zum Abschied erklärt Jenny: „Sollte ich eines Tages aufwachen und ohne Minimalismus glücklich sein, dann ist das auch okay."

 Sharing-Tipp:

airbnb.de – Bevor Jenny und David eine feste Home-Base hatten, haben sie über die Plattform öfter auf Zeit möblierte Wohnungen von Privatpersonen gemietet.

behomm.com – Auf der Tauschplattform können Designlover auf der ganzen Welt kostenlos untereinander ihre Häuser und Wohnungen tauschen. Weniger Designversierte gehen zum Beispiel über: haustausch.de, haustauschferien.com oder homelink.de

couchsurfing.de – ist ein weltweites Gastfreundschaftsnetzwerk mit über zehn Millionen Mitgliedern. Hier werden Schlafmöglichkeiten vermittelt: privat und kostenlos.

„Wenn du glücklich bist,
können schöne Dinge dich
noch glücklicher machen."

Interview

MAXIMALER
MINIMALISMUS

Joachim Klöckner/67
Rentner
Berlin-Friedenau

Joachim Klöckner besitzt 50 Dinge – wobei er die Socken sogar einzeln zählt. Er bezeichnet sich selbst aber nicht als „Minimalist", sondern sieht sich als „Maximalist". Erst vor wenigen Jahren hat Joachim die Bezeichnung „Minimalist" zum ersten Mal bewusst wahrgenommen und gedacht: „Oh, ja, dann bin ich wohl einer." Für Joachim ist minimalistisch leben kein neues Konzept und auch kein Trend. Er lebt schon seit 20 Jahren so und zieht schon immer nur mit Handgepäck um. Seit 30 Jahren reduziert Joachim seinen Besitz. Aber nicht dogmatisch, sondern immer aus der Frage heraus: „Wie fühle ich mich am wohlsten?"

Wie bist du Minimalist geworden?

Vor 30 Jahren habe ich angefangen, mein Leben zu optimieren. Die ersten zehn Jahre eher ideologisch. Dann merkte ich diese Sackgasse und machte ein Hobby daraus. Und in den letzten zehn Jahren trat für mich das Wohlfühlen dabei in den Vordergrund.

Wie hat alles angefangen?

Indirekt hat es Anfang Mai 1986 begonnen, mit hellen Flocken. Ich war verwundert: Ist das Schnee? Erst als ich merkte, dass es in den Geschäften keine Konserven mehr gab, verstand ich es: Das war Fallout von Tschernobyl. Da habe ich beschlossen, aktiv zu werden – als Energieberater für Unternehmen. Parallel dazu habe ich mein Leben optimiert.

Welche Tipps würdest du Menschen geben, die auch Minimalisten werden möchten?

Minimalismus ist eine Form der Lebensgestaltung. Und dieser tiefe Wunsch erzeugt bei seiner Umsetzung Dopamin. Dazu noch Kooperation mit Serotonin und Begegnungen auf Augenhöhe mit Oxytocin. Schon sind die wichtigsten Wohlfühlstoffe zusammen. Der Weg dorthin beginnt mit Neugierde, der Entscheidung dazu und dann, in dieser Richtung aktiv zu werden.

Inspirieren dich andere Minimalisten wie Marie Kondo, die Autorin von *Magic Cleaning*, oder Fumio Sasaki, der Verfasser des Buchs *Wir brauchen keine Dinge mehr* aus Japan? Oder die Anhänger der Tiny-House-Bewegung in den USA?

Die Tiny-House-Idee beobachte ich mit großem Interesse. Mir sind sie fast noch zu sehr an „normale" Häuser und Möbel angelehnt. Ein Freund von mir, der Architekt Van Bo Le-Mentzel, entwirft gerade ein ganz schlankes Tiny House. Ansonsten bin ich neugierig und offen für jede Art von Inspiration. Aber ich bin kein Freund von zu konkreten Anleitungen. Für mich widerspricht dies dem Wunsch nach Selbstgestaltung.

Folgst du einer eigenen Philosophie?

Meine Philosophie ist in jedem Menschen vorhanden, so deutlich und präsent, dass wir dies leicht vergessen. Es ist unser Motivationssystem für eigene Aktivitäten, im Gegensatz zum Reaktionssystem, mit dem wir auf Äußeres reagieren. Bei Reaktionen produziert der Organismus Adrenalin und bei Erledigung dann Noradrenalin, um Adrenalin zu reduzieren und ein „Geschafft"-Gefühl zu erzeugen. Anders funktioniert das Motivationssystem: Hier ist der Antrieb Neugier, bei Begegnungen auf Augenhöhe produziert der Körper Oxytocin, bei einer Win-win-win-Kooperation Serotonin und bei selbstgewähltem Erledigen Dopamin. Win-win-win steht für: Ich sorge für mich, ich sorge für dich, ich sorge für das Ganze. Ich nenne diesen Prozess „Neugier-Entscheidung-Aktivität" und den damit verbundenen Vorgeschmack auf die Neurotransmitter Wohlfühlen. Im Volksmund sind es die Glückshormone. Fehlen die drei Stoffe, entsteht Depression. Und kommt viel Adrenalin durch unerledigte Reaktionen hinzu, heißt es Burnout.

Was sagst du zu dem großen Interesse am Thema Minimalismus?

Mir gefällt die Bewegung sehr. Weil sich die Menschheit endlich in Richtung innere Autonomie, Individualität und Selbständigkeit entwickelt – dafür ist Minimalismus ein tolles Tool. Ein Werkzeug, um das eigene Leben zu gestalten. Es ist mein Tool für ein bewusstes Leben. Minimalismus tut dem Individuum gut, aber gleichzeitig auch der Mitwelt: weniger Konsum, weniger Abfall, weniger Ressourcen, die verbraucht werden. Minimalismus ist mehr als ein Trend, da das Thema so einen wertvollen Doppeleffekt hat, für den Einzelnen und für uns alle.

Ich habe es in den 1980er und 1990er Jahren erlebt, dass immer der erhobene Zeigefinger kam: „Du musst umweltfreundlich, nachhaltig und ökologisch sein." Aber wenn der Zeigefinger kommt, dann kommt irgendwann als Echo der Mittelfinger. Aber jetzt kommt die ganze Bewegung aus einem anderen Bewusstsein und einer anderen Qualität heraus. Die jungen Menschen, die ich kenne, die tun es einfach von innen heraus. Aus einer neuen Motivation: „Es tut mir gut und den anderen." Und

das ist die große Chance, dass wir zusammen diese Welt hinbekommen.

Denn seit dem 8. August 2016 leben wir auf Pump auf dieser Erde. Wir verbrauchen permanent Ressourcen, die aus der Erde gewonnen werden, wie: Metalle, Mineralien, Öl, Gas, Wasser, Holz, Pflanzen, Lebewesen, Ackerland etc. Auf der anderen Seite hat die Erde aber nur eine begrenzte biologische Kapazität zum Aufbau von Ressourcen und zur Aufnahme von Emissionen und Müll. Das Global Footprint Network errechnet jedes Jahr den genauen Tag, an dem die Erdüberlastung erreicht ist. Der 8. August war der Tag, an dem die gesamten nachhaltig nutzbaren Ressourcen der Erde für dieses Jahr verbraucht waren. Letztes Jahr war es noch der 13. August. Der Tag, ab dem wir auf Kosten zukünftiger Generationen leben, wird jedes Jahr ein wenig früher erreicht. Wir leben über unsere Verhältnisse, indem wir zu viel verbrauchen. Wir müssen also dringend etwas tun.

Wie lässt sich das mit dem immer erstrebten Wirtschaftswachstum vereinbaren?

Ich bin ja jemand, der wenig bis nichts konsumiert, und bin froh, dass ich das seit 30 Jahren geübt habe. Unter anderem auch, weil nun meine Rente minimalisiert wurde. Wachstum ist in meinen Augen etwas sehr Wichtiges und elementar Lebendiges. Ich wünsche mir Wachstum in den drei Bereichen: Lernen und Bildung, Kreativität und Innovation sowie Empathie und Mitmenschlichkeit. In diesen ressourcenneutralen Bereichen sehe ich enorme Wachstumschancen!

Ich habe das Gefühl, dass es auch in dem kapitalistischen System eine Veränderung geben wird. Der Kapitalismus hat ja ein Stück weit funktioniert. Es gibt heute so viel Wohlstand wie noch nie. Aber wir haben den Punkt erreicht, an dem es kritisch wird. Im Bericht zum G20-Gipfel dominierte die Frage, wie wir es hinbekommen, dass der Wohlstand bei allen ankommt. Da bin ich morgens aufgewacht und habe gedacht: „Okay, die bezahlen jetzt jedem Menschen auf der Welt ein Grundeinkommen. Das Geld dafür wäre ja da."

Ich sehe auch dort eine positive Veränderung wieder hin zu den Menschen und weg von der puren Gewinnmaximierung. Gewinn ist ja grundsätzlich

Alles passt in einen Rucksack:
Joachim besitzt insgesamt ungefähr
50 Dinge – wenn er die Socken einzeln
zählt. Die genaue Zahl seiner Besitztümer
spielt für ihn aber keine große Rolle.

in Ordnung. Jede Pflanze erzielt einen „Gewinn", wenn sie Samen produziert. Das ist etwas ganz Natürliches. Wir müssen nur aufpassen, dass es keine Verlierer gibt.

Ist das Bedingungslose Grundeinkommen eine Lösung?

Ja, absolut. Weil ich auch dort die Tendenz bestätigt sehe, dass Menschen individueller werden möchten und etwas für die Welt schaffen möchten. Das hat etwas mit unserem inneren Motivations-

system zu tun. Das Grundeinkommen würde ganz vielen Menschen ermöglichen, zu leben und das zu tun, woran sie Freude haben oder das sie bewegen möchten. Ohne daran denken zu müssen, ob das jemandem gefällt, der dafür dann Geld ausgibt. In diesem Rahmen wäre auch Raum für die Wachstumsbereiche wie selbständig lernen, kreativ sein, innovativ sein, für die Menschen etwas tun. Die Idee ist einfach genial. Ich beschäftige mich seit 15 Jahren damit. Es wird kommen. Ich sehe eine enorme Chance darin, dass jemand, der seiner Passion

nachgehen kann, weniger stumpf konsumiert. Weil die Menschen auf einem anderen Level innerlich befriedigt und glücklich werden, wenn sie etwas selbst gestalten können. Frustkäufe gibt es dann nicht mehr.

Wie viele braucht man, um wirklich etwas zu verändern?

Hier verweise ich gerne auf das Buch *Tipping Point*. Für große Veränderungen braucht es ca. fünf bis zehn Prozent der Menschen – die anderen kommen dann mit.

Entwickelt sich gerade ein neues Bewusstsein?

Unser Organismus nimmt jede Sekunde 15 Millionen Impulse wahr und verarbeitet diese. Bewusst werden uns aber nur 50 davon. Das heißt, dass Bewusstsein auch ein Schutz vor dieser riesigen Fülle von Informationen ist, da wir sonst verrückt werden würden. Wir können nicht jedes Mal alles entscheiden, wir brauchen auch Gewohnheiten. Aber wir haben die Chance, diese 50 Impulse, die wir wahrnehmen, wie einen Laserpointer auf einen Punkt zu richten. Zum Beispiel, ob wir nun eine Plastiktüte nehmen oder einen Jutebeutel.

Inwieweit hilft der Minimalismus, um den Fokus zu schärfen?

Minimalismus ist wie Meditation. Es ist eine andere Form von Meditation, kann man fast sagen. Der Minimalismus gibt mir diese Klarheit. Ich kann mich hinlegen und träumen, kreativ sein, nachdenken und nachspüren. Außerdem ist es effizient. Ich muss keine Energie aufwenden, um Dinge zu kaufen. Ich muss keinen Raum dafür zur Verfügung stellen oder mich um die Pflege kümmern. Und ich brauche keine Energie, um die Dinge wieder sinnvoll zu entsorgen. Minimalismus hilft, den Blick auf das Wesentliche zu schärfen: Was brauche ich wirklich, wirklich, wirklich? Und dann auch entsprechend zu handeln.

Gibt es schon genügend Vorbilder?

Ja, es gibt sie. Der Mensch ist zwar ein Gewohnheitstier – aber es braucht die Neugier. Meine 97 Jahre alte Mutter hat mir neulich in einer Mail geschrieben: „Immer schön neugierig bleiben." Wenn irgendwas Neues kommt, habe ich Lust, es mitzumachen. Das hält einen jung. Ganz klassische Vorbilder brauchen wir gar nicht. Es geht nicht darum, sein Leben genau nach dem Vorbild eines anderen zu gestalten – es geht darum, Inspiration zu geben und zu finden. Minimalismus gibt einen Impuls, das eigene Leben zu verändern und ganz bewusst selbst zu gestalten. Ich freue mich, wenn ich andere inspirieren kann und sie dann denken: „Ah, das geht? Das probiere ich auch mal."

Die Hängematte ist Joachims
einziges Möbel, sie dient als Bett
und Sofa.

Was kaufst du überhaupt noch?

Ich mag die Einfachheit von technischen Dingen und den Minimalismus in der Bedienung und natürlich die Qualität. Ich mag gutes Design. Bei Kleidung experimentiere ich. Zurzeit trage ich Einteiler. Es ist mir wichtig, dass alles in eine Waschmaschine geht. Das spart wieder Zeit. Am liebsten kaufe ich plastik- und verpackungsfrei.

Wie wichtig ist dir der ökologische Aspekt?

Für mich ist die Frage: Wie helfe ich der Mitwelt? Ich nenne es bewusst immer Mitwelt und nicht Umwelt. Weil ich da mitten drin bin. Wenn ich Mitwelt sage, denke ich beim Einkaufen auch an den Stoffbeutel.

Wie sind die Reaktionen auf deinen Lebensstil?

Die Reaktionen sind sehr positiv. Es gibt viele, die zweifeln, am Anfang jedenfalls, aber dann sehen sie, dass ich glücklich bin und es einfach mache. Meine Mutter sagte früher: „Joachim, ich verstehe es nicht. Ich weiß, nach dem Krieg mussten wir so leben." Aber genau das ist der Unterschied: Ich will so leben!

 **Buchtipp:**

Tipping Point: Wie kleine Dinge Großes bewirken können. Von Malcolm Gladwell.

Netztipp:

Informationen und Lotterie zum Bedingungslosen Grundeinkommen: mein-grundeinkommen.de

KONSTRUIEREN STATT KONSUMIEREN

Der Berliner Architekt Van Bo Le-Mentzel wurde durch seine „Hartz IV"-Designermöbel bekannt – eine Serie von Möbelstücken, die günstig selbst gebaut werden können und deren Bauanleitungen er online kostenlos zur Verfügung stellt.

Van Bo engagiert sich neben dem Bedingungslosen Grundeinkommen auch sehr für das Bedingungslose Wohnen. Er ist Vorreiter auf dem Sektor „kleines

Wohnen – große Lebensqualität" und hat unterschiedliche innovative Formate vom 1-Quadratmeter-Haus über das Unreal Estate House bis hin zum 100-Euro-Apartment entworfen. 2016 hat Van Bo die Tinyhouse University gegründet.

Infos dazu auf den Facebook-Seiten: *Konstruieren statt Konsumieren* und *Tinyhouse University* sowie unter hartzivmoebel.de

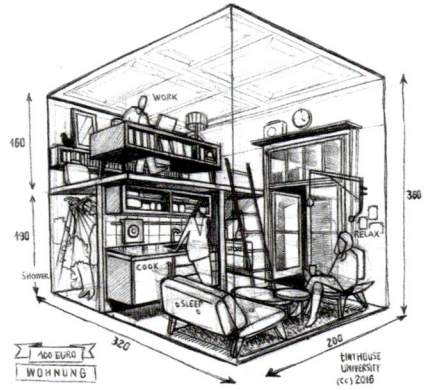

Das Tiny House #tiny100.

Das #tiny100 nach dem Entwurf von Van Bo bietet auf 6,4 Quadratmetern Wohnfläche Platz für einen Wohnraum mit Tisch und Sessel, eine Küchenzeile, ein kleines Duschbad und eine Hochebene, auf der das Bett untergebracht werden kann. Der 1:1-Prototyp aus Holz ist in Zusammenarbeit mit der Hilfswerksiedlung GmbH entstanden. Für die Zu-

kunft hat Van Bo eine Vision, die vielen Menschen bezahlbaren Wohnraum ermöglichen soll: viele 6,4-Quadratmeter-Tiny-Houses nebeneinander mit einem großen Gemeinschaftsbereich – jede kleine Wohneinheit zu einem Mietpreis von 100 Euro im Monat.

Homestory

NATÜRLICH WOHNEN!

Das Daybed im Erker hat Matthias gebaut.
Während der Schwangerschaft war es Leas
absoluter Lieblingsplatz in der Wohnung.
Und auch mit Baby Joseph ist das Daybed die
erste Anlaufstelle für kleine Auszeiten im Alltag.

Lea und Matthias gehören zu den wenigen Menschen, die sich auf die kalte Jahreszeit freuen. Die beiden Designer leben mit ihrem Sohn Joseph in einer wunderschönen 100-Quadratmeter-Altbauwohnung im Westen von Leipzig, die sich ausschließlich mit Holz- und Kohleöfen beheizen lässt. „Es war nicht leicht, überhaupt eine Wohnung zu finden, die keine Zentralheizung hat", erzählt Matthias. „Wir lieben das gemütliche Knistern und die natürliche Wärme der Öfen. Diese alten Gebäude mit einem natürlichen Raumklima finden wir am nachhaltigsten – was heute gebaut wird, ist oft zu stark isoliert."

Das Paar hat das Design und die Einrichtung der Wohnung zusammen bis ins kleinste Detail geplant und umgesetzt. Die Einbauten wie die Küche, den Kleiderschrank und die Vitrine im Esszimmer hat Matthias größtenteils alleine gebaut. In der Küche haben die beiden IKEA-Unterschränke mit eigenen, schlichten Fronten versehen und für die Arbeitsplatte auf graues Linoleum gesetzt. Linoleum ist ein strapazierfähiges, langlebiges und nachhaltiges Produkt, das hauptsächlich aus Leinöl, Korkmehl und Jutegewebe besteht. Während es bis Mitte des 20. Jahrhunderts als Bodenbelag sehr verbreitet war, wurde Linoleum in den 1960er Jahren fast vollständig von PVC verdrängt. 2008 gab es auf der ganzen Welt nur noch vier Linoleum-Werke. Heute ist das natürliche Produkt zum Glück wieder zurück und überzeugt neben guten Eigenschaften wie einer angenehmen Haptik, der hohen Widerstandsfähigkeit und schweren Entflammbarkeit auch mit einer großen Auswahl an schönen Farben. Viele Ideen haben die Designer nach ihren Entwürfen umsetzen lassen. Zum Beispiel den großen Tisch im Esszimmer. Eine Schweißerei hat das Gestell nach dem Entwurf von Lea und Matthias angefertigt und roséfarben pulverbeschichtet. Die riesige Eichenholzplatte ist bewusst nicht behandelt. „Wir mögen es, wenn die Dinge mit uns leben und auch Spuren bekommen."

Lea liebt farbenfrohes und opulentes italienisches Design. „Immer wenn wir auf den Messen in Italien sind, sehe ich die tollen, bunten Stoffe und die farbenfrohen Entwürfe. Aber zu Hause möchte ich es dann doch nicht haben. Wir lieben unsere ruhige, gedeckte Farbpalette. Wenn wir mal Farbe benutzen, dann versuchen wir alles andere zu beruhigen, damit es nicht so bestimmend oder unruhig wird." Ob zu Hause oder bei Kundenprojekten – Lea und Matthias kommen immer wieder zu ihrer minimalistischen Ästhetik zurück: „Vielleicht, weil es bei uns beiden zu Hause nie so war. Wir kommen beide aus Elternhäusern, wo es eher überladen und tendenziell immer viel zu bunt war."

Lea und Matthias mögen es reduziert und natürlich, sowohl von der Auswahl der Farben als auch der Materialien her. Der Stil, für den auch ihr Label STUDIO OINK steht, ist schlicht und geradlinig, aber nie kühl oder steril, sondern immer mit einer Portion Persönlichkeit versehen. „Wir suchen auch viel in Galerien für gebrauchte Möbel, das entspricht dann auch den individuellen Wünschen unserer Kunden viel mehr", erzählt Lea. „Jedes Projekt ist neu. Wir recherchieren jedes Mal ganz von vorne", ergänzt Matthias. Besonders internationale Kunden schätzen die Arbeit des kreativen Duos. Die Kunden aus dem Ausland sind oft offener, haben mehr Vertrauen und lassen Lea und Matthias freie Hand. „Die sagen oft: Ihr seid die Profis; wir vertrauen euch", erzählt Matthias. Bei den maßgeschneiderten Konzepten wird immer erst mal der individuelle Bedarf ermittelt. „Brauche ich eine

Lea Korzeczek & Matthias Hiller & Joseph / 33 / 35 / 8 Wochen
Produkt- und Interieurdesigner
Leipzig-Gohlis

riesige Küche, wenn ich gar nicht gerne koche? Wir sind dafür, dass die Leute nachdenken, was sie wirklich brauchen", erzählt Matthias. „Manchmal raten wir auch dazu, erst mal gründlich auszusortieren."

Die Wände der Wohnung sind mit abgetönten Lehmfarben gestrichen. Das hat den Vorteil, dass die Wände offen sind und atmen können. Die natürlichen Farben sorgen für ein angenehmes Raumklima und dünsten nicht giftig aus. Das Schleppen von schweren Farbeimern fällt zusätzlich flach, weil man die Farbe als Pulver kauft und dann mit Wasser anrührt. Auch bei den Dielen haben Lea und Matthias auf lösungsmittelfreie Lacke auf Wasserbasis gesetzt, „das ist uns wichtig, besonders weil Joseph hier bald rumkrabbelt".

Matthias hat ein Faible für Keramik. Die Leuchten im Wohnzimmer sind ein Teil von Matthias' Diplom und selbstgetöpfert. Auch in dem großen Geschirrschrank im Esszimmer befinden sich, neben liebevoll zusammengesammelter Keramik aus Dänemark, viele von Matthias hergestellte Stücke – alles in einer sanften Farbwelt. Die Tassen und Teller sind aber keine Ausstellungsstücke, sondern werden alle gerne und oft benutzt. „Wenn wir etwas nicht mehr benutzen, wird es aussortiert. Wir wollen nur Dinge um uns haben, die wir auch benutzen und lieben!", erklärt Lea zu der Geschirrsammlung. Der Geschirrschrank ist eigentlich eine alte Fensterfront von einem Keramikhof, um die Matthias den Schrank einfach drum herumgebaut hat. Upcycling in seiner schönsten Form.

„Wir sind dafür,
dass die Leute
wieder nachdenken,
was sie wirklich
brauchen."

Lea und Matthias lieben dänisches Design
wie diese original Vintage-Lampen von
Louis Poulsen. Über dem großen Esstisch
hängen gleich zwei der Designklassiker in
verschiedenen Höhen.

Die Vitrine hat Matthias
selbst gebaut – aus einer
alten Fensterfront. Upcycling
in seiner schönsten Form.

Das Studio auf der Georg-Schumann-Straße nutzen Lea
und Matthias als Showroom für Produkte und Möbel.

ℹ Infos zum Thema Upcycling:

Beim Upcycling wird altes, scheinbar über-flüssiges Material zum Schaffen von neuen Produkten verwendet. Das verhindert Neupro-duktionen unter Verwendung von kostbaren Rohmaterialien. Matthias hat zum Beispiel mit einer alten Fensterfront, die sonst auf dem Müll gelandet wäre, einen Vitrinenschrank gebaut. Im Gegensatz zum Recycling ist beim Upcyc-ling ein geringerer Energieaufwand nötig. Ein toller Nebeneffekt: Es entstehen immer abso-lute Unikate mit Charakter.

Wer selbst handwerklich nicht so geschickt ist, kann sich beim Upcyceln vom Tischler des Ver-trauens helfen lassen. Und auch im Netz gibt es gute Adressen für tolle Upcycling-Produkte für zu Hause:

DaWanda und Etsy
Auf den beiden großen Online-Marktplätzen für Selbstgemachtes tummeln sich viele Anbie-ter, die Möbel und Deko aus zweitverwerteten Materialien anbieten.

Upcycling Deluxe
Hier gibt es nachhaltige und faire Upcycling-Produkte für die Wohnung und für die ganze Familie.

Bauholz Design
Die Firma produziert seit zehn Jahren in Handarbeit individuelle Möbelstücke – aus ge-brauchten Gerüstbohlen. Die alten, scheinbar nicht mehr verwendbaren Holzbohlen werden von den Gerüstbauern eingesammelt und liebe-voll zu besonderen Möbeln aufgearbeitet.

Reditum
Möbel mit Vorleben – unter dem Motto stellt die Firma zum Beispiel Hängeregale mit alten Fahrradketten her.

Cucula
Upcycling mit Aussage: Cucula ist ein Modell-projekt, das Geflüchtete dabei unterstützt, sich selber eine berufliche Zukunft aufzubauen. In der Berliner Manufaktur bauen Flüchtlinge Möbel nach den Entwürfen des italienischen Designers Enzo Mari. Das Holz für die Möbel-stücke stammt dabei zum Teil von in Lam-pedusa angekommenen Flüchtlingsbooten. Jedes Unikat hat eine Geschichte, wie der Mensch, der das Möbelstück gebaut hat.

Das Holz für den Stuhl stammt zum Teil von Flüchtlingsbooten.

MINIMALISMUS IM KINDERZIMMER

Wenn ein neuer Erdenbürger auf die Welt kommt, wird er mit Liebe überhäuft – aber oft auch mit vielen Dingen. 2012 wurden für die gesamte Erstausstattung eines Neugeborenen durchschnittlich 2.855 Euro ausgegeben. Dabei brauchen Babys eigentlich gar nicht so viel. Viele Einkäufe erweisen sich im Nachhinein oft als überflüssig.

Mit der „geborgenen Erstlingsbox" sparen Eltern Geld und Zeit, denn darin befinden sich genau die Dinge, die das Baby für den Start ins Leben wirklich braucht – und kein unnötiger Schnickschnack. Die Box kommt mit einem Set sinnvoller, langlebiger und biologischer Kleidung, ökologischen Pflegeprodukten und einem ersten Spielzeug. Aber das eigentliche Highlight ist die Box selbst. Mit einer Matratze und einem Bezug ausgestattet, ist sie ein praktischer Schlafplatz für das Baby, der flexibel überall mit hingenommen werden kann. In Finnland bekommen Eltern schon seit Jahrzehnten vom Staat eine Erstausstattung für ihr Baby in einer Box, in der das Neugeborene dann auch schlafen kann. Das hat die Säuglingssterblichkeit nachweislich reduziert.

Wenn aus Babys Kinder werden, geht es manchmal erst richtig los mit der Materialschlacht. Kinderspielzeuge sind oft knallbunt, und die Kleinen können nicht genug davon bekommen. Dabei ist erwiesen, dass einfache Spielzeuge wie Bauklötze oder Lego die Fantasie der Kinder viel mehr anregen als komplexes Spielzeug. Kinder können auch ruhiger und konzentrierter spielen, wenn sie nicht von zu vielen Dingen in ihrem Umfeld angeregt und abgelenkt werden.

Die folgenden Tipps sorgen für Ordnung im Kinderzimmer:

Lieblingsspielzeuge aussuchen – und von den anderen Dingen trennen. Dabei können die Kinder auch mit eingebunden werden.

Noch altersgerecht? – Zwischendurch immer einmal wieder überprüfen, aus welchen Spielsachen die Kinder vielleicht schon „rausgewachsen" sind, und diese dann weitergeben.

In der „geborgenen Erstlingsbox" ist ökologische Kleidung von Popoloni, Sense Organics, Cosilana und Hirsch Natur. Dazu Pflegeprodukte von Weleda und der Hasen-Handschmeichler von der Firma Ostheimer.

Zum Aufräumen einladen – Kinder können Spaß und Freude beim Aufräumen haben und lernen, dass Ordnung etwas Positives ist, wenn man sie dazu einlädt und das Ganze spielerisch gestaltet. Zum Beispiel mit Körben, in die das Spielzeug aus einiger Entfernung geworfen werden muss.

Spielzeuge leihen – So rasant, wie Kinder aus ihrer Kleidung rauswachsen, so schnell hat auch das Lieblingsspielzeug von gestern rasch wieder seinen Reiz verloren oder ist nicht mehr altersgemäß. MeineSpielzeugkiste.de verleiht Spielsachen für Kinder jeden Alters in den Kategorien: Motorik, Musik und Sprache, Logisches Denken, Gemeinschaftssinn und Kreativität. Die Spielsachen sind gebraucht und werden vor dem Versenden auf Vollständigkeit geprüft und gründlich gereinigt und desinfiziert. Wenn ein Spielzeug doch zum absoluten Dauerbrenner wird, so kann es nach zwei Monaten Ausleihzeit mit einem Rabatt von 30 Prozent auf den Neupreis gekauft werden.

Kleiner Mensch – kleiner Kleiderschrank

Kinder wachsen unglaublich schnell. Das merkt man nicht nur anhand von neuen Strichen am Türrahmen, sondern besonders an der Kleidung, die gestern noch umgekrempelt wurde und heute schon wieder zu klein ist. Deshalb ist Leihen besonders bei Kinderkleidung eine gute Alternative zum Kaufen und sorgt für einen übersichtlichen Kleiderschrank im Kinderzimmer.

Kinder brauchen Zeit statt Zeug.

 Sharing-Tipp:

Cottonbudbaby – der Erstausstattungsverleih für die ersten sechs Lebensmonate. Sozusagen eine Kleiderei (mehr Informationen zur Kleiderei – dem Kleidungsverleih für Erwachsene – ab Seite 127) extra für Babykleidung. Pro Kleiderpaket kommen 17 bis 21 IVN BEST- oder GOTS-zertifizierte Kleidungsstücke – mit allem, was zu der aktuellen Jahreszeit gerade benötigt wird. Wenn das Baby wächst, reicht eine Mail, und ein Paket mit den Kleidungsstücken in der nächsten, passenden Größe ist schon auf dem Weg.

Räubersachen – verleiht ökologische Kinderkleidung in den Größen 50 bis 116, Schuhe und auch Schlafsäcke. Der Preis wird tagegenau berechnet. Sollten Kleidungsstücke so lange geliehen werden, dass der Verkaufspreis erreicht wird, gehen sie auf Wunsch in den Besitz des Kunden über – also null Risiko.

Kilenda – Das Online-Verleihhaus für Kinderkleidung hat eine Kategorie mit Bio-Mode, in der Fair-Trade-zertifizierte Teile aus Bio-Baumwolle zu finden sind.

Homestory

NEUSTART!

Daniel Frerix /36
Filmemacher
Meerbusch

Menschen finden aus den unterschiedlichsten Gründen zum Minimalismus. Bei den einen ist es die Ästhetik, bei anderen der Umweltaspekt und das Bedürfnis, möglichst ressourcenschonend zu leben. Und wieder andere begreifen Minimalismus als Chance, um das eigene Leben in den Griff zu bekommen.

Vor drei Jahren saß Daniel von seiner Freundin verlassen, stark verschuldet und übergewichtig in seiner mit einer riesigen DVD-Sammlung, einer noch größeren CD-Sammlung, sowie mit Unmengen an Plunder und Kram vollgestopften, überteuerten Dreizimmerwohnung. „Ich war damals andauernd unbeschreiblich unzufrieden, geplagt von Ängsten und Sorgen und habe eine totale Leere in mir gespürt", erzählt Daniel. Zu der Zeit war Daniel Anfang 30 und ist mit blondierten Haaren und Mickey-Mouse-Pullover durchs Leben gelaufen. „Ich habe meist den halben Tag verschlafen und nachts endlos Serien geglotzt. Irgendwie habe ich nichts auf die Reihe bekommen."

Daniel wusste, dass etwas passieren musste. „Wenn da ein vollgestopftes Haus steht, dann kann man nicht einfach hingehen und einen schicken Neubau obendrauf bauen. Das Haus muss abgerissen werden. Bis auf den Grund. Ich bin der Meinung, dass die Veränderung immer nur im Außen starten kann. Nie im Innern. Man kann sich nicht hinsetzen und sagen: ‚Ich ändere ab jetzt meine Einstellung.' Nur die Umgestaltung der Außenwelt führt zu einer wirklichen Veränderung unserer Selbstwahrnehmung. Ich denke, dass Farbe, Form und Material der Materie, die uns umgibt, einen starken Einfluss darauf haben, wer wir glauben, selbst zu sein. Und wer wir glauben, selbst zu sein, das sind oder das werden wir. Der erste Schritt zur Veränderung startet für mich immer mit einem materiellen ‚Selbstabriss'".

Daniel hat sich an den Schreibtisch gesetzt und genau überlegt, wie sein neues Leben aussehen soll. Dem Projekt hat er den Namen „BOSS-Hemd" gegeben. Das erklärte Ziel: in einem Jahr schuldenfrei, sportlich und erfolgreich zu sein. Das Sinnbild, sozusagen die Karotte, war für Daniel das ordentliche, schwarze Hemd. Den Projekt-Plan hat Daniel auf einem Bogen Papier visualisiert und gut sichtbar an die Wand gehängt. „Mir gefällt dieser englische Begriff: ‚Replacement'. Aber ich nenne es immer ‚X-Chance', das schreibt sich einfach schneller. Auf bunten Zetteln analysiere, plane und visualisiere ich meinen Wohnraum, meine Kleidung, Objekte, meine Verhaltensmuster und meine Angewohnheiten. Auf der linken Seite stehen die Dinge, die ich zulassen möchte, die gut sind und die positive Konsequenzen für mein Leben haben, und auf der rechten Seite die, die terminiert sind und entsorgt werden sollen."

Mit diesem System visualisiert Daniel seine persönlichen „Finalziele". Das Ziel, gekoppelt an eine Emotion und einen Gedanken, steht dabei an erster Stelle. Die Baby-Schritte oder Zwischenziele, die es abzuarbeiten gilt, markiert er dabei mit farbigen

Das Regal aus einer Europalette ist selbstgebaut und beherbergt eine Box und die einzigen drei Bücher, die Daniel gegenwärtig liest und daher noch besitzt.

Kästchen. Sobald alle Kästchen farbig sind, ist das Ziel erreicht.

Für Daniel war und ist es nie Ziel gewesen, gar nichts mehr zu besitzen. Es geht ihm beim Minimalismus weniger um die Besitzlosigkeit als vielmehr um Besitzoptimierung. Wenn er für sich feststellt, dass er zum Beispiel einen Stift in seinem Leben benötigt, dann sucht und entscheidet er sich für den schönsten und besten Stift. Für den einen perfekten Stift. Die wichtigste Phase ist für Daniel hierbei aber nicht die, in der er all seine alten Stifte aussortiert, und auch nicht die, in der er den einen perfekten Stift kauft und anschließend pflegt. Die wichtigste Phase ist die des Suchens und Findens des einen Stiftes, von dem er schon immer eine ganz klare Vorstellung hatte. Im Grunde genommen geht es ihm darum, kein Detail seines Lebens mehr dem Zufall zu überlassen.

In diesen Momenten der äußeren Optimierung, der äußeren Selbstneugestaltung, hat Daniel auch begonnen, sich mit seinen inneren Zuständen zu beschäftigen. „Wird man sich bewusst über diesen einen optimalen Stift, wird man sich plötzlich, fast reflexartig, auch über innere Zustände wie den Umgang mit Finanzen und tiefere Wünsche und Ziele bewusst." Jedes Ziel muss für Daniel immer mit einem klaren Gedanken wie auch mit einem starken Gefühl verbunden sein.

Nachdem der Plan gefasst war, hat Daniel in nur zwölf Monaten sein Leben komplett entrümpelt. Er hat jedes Teil, das er besitzt, in die Hand genommen und sich kritisch gefragt, ob es in sein neues Leben und zu seinem Plan passt. Die meisten Dinge hat er verkauft und konnte so einen großen Teil der Schulden vom Studium abbauen. „Bei der Post haben die schon immer gelacht und gesagt: Ah, da kommt er wieder, der Junge mit dem Wäschekorb voller Pakete."

Daniel hat etwa 90 Prozent seines bisherigen Besitzes verkauft und durch fünf Prozent hochwertige und bewusst ausgesuchte Neuanschaffungen ausgetauscht. Am Ende des Jahres lief es dann auch beruflich so gut für Daniel, dass er mehr nebenbei dann tatsächlich das besagte BOSS-Hemd kaufen konnte – das war zu dem Zeitpunkt aber gar nicht mehr so wichtig. Heute lebt Daniel in einer kleinen 30-Quadratmeter-Wohnung, in der sich nur noch sehr wenige und bewusst ausgewählte Dinge befinden. Er verbraucht wenig Ressourcen und möchte in Zukunft seinen geringen Strombedarf über ein „Balkonkraftwerk" decken. Mit so einer kleinen Fotovoltaik-Anlage, zum Beispiel von der Firma Solarheld, die sich auf dem Balkon aufstellen lässt, kann jeder auch ohne eigenes Dach zum Stromproduzenten werden. Mittlerweile gibt es fertige Balkonkraftwerk-Systeme, die einfach aufgestellt und mit einem Stecker angeschlossen werden können. Wenn die Sonne scheint, fließt grüner Strom in das Wohnungsnetz. Im Gegenzug muss der Kunde dem Energieversorger weniger Kilowattstunden abkaufen. Das sind in Daniels Fall sowieso nicht mehr viele. Es ist ihm gelungen, seinen Verbrauch von 2.498 auf 248 Kilowattstunden zu reduzieren. Daniel ist auf energiesparende LEDs im Retro-Look umgestiegen und hat vor jedes elektrische Gerät in seiner Wohnung eine Zwischensteckdose geschaltet, um alle Geräte, die gerade nicht benutzt werden, konsequent ausschalten zu können. Die Geräte verbrauchen sonst auch bei Nichtbenutzung im Standby-Modus permanent Strom. „Ich möchte so unabhängig leben, wie es möglich ist", erklärt Daniel.

Besonders interessiert Daniel am Abbau des eigenen Besitzes oder auch am Minimalismus, dass dadurch Leerräume entstehen. Er hat durch den materiellen Minimalismus wieder mit dem Zeichnen angefangen, einen Youtube-Kanal gestartet und arbeitet derzeit an einem neuen Drehbuch. In den letzten zwei Jahren hat Daniel persönliche Ziele erreicht, die er vorher für nahezu unmöglich gehalten hätte. Daniel vergleicht das Leben mit einer Pyramide. Die einzelnen Schichten sind dabei Ideen, sind die Philosophie davon, wer wir geworden sind. Und wir sehnen uns alle danach, wie das Leben war, als wir noch klein waren. Der Minimalismus wirkt für Daniel wie das Abtragen der oberen Steine und Schichten. Er hat dadurch zu sich selbst zurückgefunden und ist wieder das neugierige, sensible und kreative Kind geworden, das er war. Der Minimalismus hat Daniels Leben komplett zum Positiven verändert.

Mit Hilfe des Plans führt Daniel sich stets die Emotion und das Gefühl seines Ziels vor Augen und erinnert sich daran, welche kleinen Schritte abgearbeitet werden müssen. Der letzte Schritt besteht darin, den Plan einzuscannen und anschließend zu verbrennen.

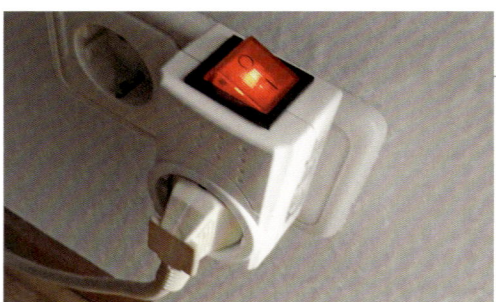

Daniel verwendet schaltbare Zwischensteckdosen und verhindert durch konsequentes Ausschalten, dass elektrische Geräte auch im Standby-Modus weiter Strom verbrauchen.

MINIMALISMUS & ENERGIE

Viele Minimalisten möchten wie Daniel so autark, energie- und ressourcenschonend wie möglich leben. Das macht auch im Hinblick auf die steigenden Energiekosten und den fortschreitenden Klimawandel Sinn. Mit ein paar einfachen Maßnahmen ist es ihm gelungen, seinen Stromverbrauch von 60 Euro auf sechs Euro im Monat zu senken.

Folgende Tipps helfen dabei, den Energieverbrauch zu reduzieren:

• Glühbirnen, die den Geist aufgeben, durch langlebige LEDs ersetzen.

• Schaltbare Zwischensteckdosen einsetzen und Geräte bei Nichtbenutzung ausschalten oder den Stecker ziehen. Noch besser sind automatische Steckerleisten, die Geräte im Standby-Modus erkennen und umgehend vom Netz nehmen.

• Bei Neuanschaffung auf die Energieeffizienz der Produkte achten. Spargeräte werden mit dem EU-Label, dem Blauen Engel oder dem GEEA-Kennzeichen ausgezeichnet.

• Wassersparbrause in der Dusche und im Wasserhahn einbauen.

• Nicht nach Gefühl, sondern mit Thermometer heizen – zum Beispiel mit dem von Greenstars.

• Im Winter: Mehrmals täglich gezielt mehrere Minuten stoßlüften, anstatt auf Kipp nach draußen zu heizen.

• Für Fortgeschrittene: das eigene Mini-Stromkraftwerk für den Garten oder Balkon – zum Beispiel von Solarheld.

Tipp: Spart zwar keinen Strom, aber hilft trotzdem: zu einem Ökostromanbieter wechseln
Sauberer Strom wird aus erneuerbaren Energien wie Sonnenenergie, Windkraft und Wasserkraft gewonnen. Gute Anbieter sind Ökostrom+, Bürgerwerke, EWS Schönau, Lichtblick, Polarstern, naturstrom und Greenpeace Energy. Die letzten drei bieten auch gute Ökogas-Tarife an, die umweltfreundliche Alternative zu herkömmlichem Erdgas.

Früher hatte Daniel 60 Euro Stromkosten im Monat. Heute sind es nur noch sechs Euro. Er verwendet in seiner Wohnung nur noch energiesparende, warmweiße LEDs im Retro-Look.

Homestory

OFFLINE IST DER NEUE LUXUS

Marie & Gen Sadakane / 36 / 39
Managing Director /
Creative Director & Co-Gründer
Berlin-Prenzlauer Berg

16 Stunden am Tag online und 18.890 ungelesene E-Mails im Postfach – von dem digitalen Powercouple Gen & Marie kann man lernen, wie es gelingt, trotzdem ein ganz entspanntes Leben zu führen. Aber der Reihe nach: Gen und Marie sind vor 16 Jahren gemeinsam aus Düsseldorf nach Berlin gekommen – nach Stationen bei den Dickschiffen der Werbebranche zog es sie beruflich weiter: Marie ist Geschäftsführerin des Berliner Standortes der Digital-Agentur B-Reel, Gen wollte „was Eigenes" machen und gründete 2011 mit drei Freunden die Foto-App *EyeEm*. Das Unternehmen hat sechs Jahre später 80 Mitarbeiter und 18 Millionen User in 150 Ländern. Beide beginnen den Tag fast immer mit dem Griff zum Handy, und oft endet er auch so.

In ihrem Berliner Zuhause haben sich die beiden bewusst einen Ort der Ruhe und Entspannung geschaffen: den Ort, an dem sie nach langen Tagen im Büro wieder auftanken können. Marie hat einen grünen Daumen und hat nicht nur den Balkon, sondern auch den Rest der Altbauwohnung in eine kleine grüne Oase verwandelt. In der lichtdurchfluteten Wohnung finden sich viele Erinnerungsstücke an gemeinsame Reisen. Marie und Gen haben schon vor vielen Jahren damit begonnen, sich zum Geburtstag gegenseitig immer mit einer Reise zu beschenken. Von dem gemeinsamen Erlebnis haben die beiden mehr und nachhaltiger etwas als von irgendwelchen Sachgeschenken, die im Zweifel später in der Ecke verstauben würden.

In der Wohnung gibt es auch bewusst nur einen sehr kleinen Schreibtisch. Wenn die beiden von zu Hause aus arbeiten, dann sowieso lieber mobil

Das Fahrrad hat mal Maries Vater gehört – sie hat den Rahmen
abschleifen und das Rad komplett aufarbeiten lassen. Aus Angst
vor Dieben darf es im Flur parken. Da ist es allerdings auch nicht
wirklich sicher – Gen fährt nämlich auch sehr gerne damit.

vom Laptop, iPad oder vom Handy aus. Damit die Arbeit und das ständige Online-Sein nicht überhandnehmen und anfangen zu belasten, haben Gen und Marie feste Rituale und Regeln, die ihnen heilig sind. Marie geht zum Beispiel jeden Morgen joggen – seit 20 Jahren. Auch bei Wind und Regen, bei Hagel und Schnee. Diese Zeit am Morgen, wenn die Stadt um sie herum langsam erwacht, bedeutet ihr viel. „Wenn ich nicht laufen würde, würde ich wahrscheinlich verrückt werden", erklärt Marie lachend. Am Wochenende läuft Gen gerne mit. Dazu gibt es Zeiten im Hause Sadakane, zu de-

nen Handy und Rechner konsequent ausgeschaltet werden. Die bewusste Offline-Zeit wird zelebriert und genossen: zum Beispiel sonntags, wenn ganz in Ruhe ausgiebig zusammen gefrühstückt wird – gerne auch begleitet vom Rascheln der Tageszeitung. Gen und Marie teilen sich dabei die Köstlichkeiten immer von einem Teller. Marie probiert gerne neue Rezepte aus, oft auch aus der japanischen Küche. Sie mag es, in der Küche herumzuwirbeln, zu schnippeln und etwas mit den Händen zu schaffen – auch wenn es danach sofort aufgegessen wird. Arbeiten in der Küche ist für sie ein bisschen

wie Meditation und gerade nach einem langen Tag im Büro der perfekte Ausgleich zu der oft virtuellen Arbeit am Rechner. Einen ähnlichen Gedanken hatte Gen und hat mit *EyeEm,* flankierend zur Foto-App, ein Print-Magazin herausgebracht. Für das Magazin sucht und kuratiert Gen die besten und interessantesten Bilder aus der Foto-Community. Die aktuelle Ausgabe „BY WOMEN" zeigt Arbeiten von weiblichen Mitgliedern. Andere Ausgaben haben sich zum Beispiel auf Schwarz-Weiß-Fotografie oder Reisen fokussiert. Das Magazin ist für Gen das perfekte Bindeglied zwischen der Online- und der Offline-Welt. Auf den Magazin-Launch-Partys und den Ausstellungen treffen sich Fotografiebegeisterte aus der ganzen Welt. Hier lernen sich die Menschen, die sich hinter den Online-Profilen verbergen und sich online oft schon seit Jahren kennen und begeistert folgen, persönlich kennen. Für Gen liegt genau darin der Reiz der digitalen Welt – zu vernetzen und echte Begegnungen und Erlebnisse zu schaffen.

MINIMALISMUS & SCHENKEN

Gen und Marie schenken sich lieber Reisen und gemeinsame Erlebnisse als Staubfänger. Tatsächlich ist Zeit oft das Wertvollste, das wir einander schenken können. Hier ein paar Ideen und Anregungen für Zeit-Geschenke:

Kultur schenken
Zusammen ins Theater, Kino, zu einer Lesung, Ausstellung etc. gehen.

Wellness schenken
Zusammen zur Massage, zur Maniküre, zum Spa-Besuch oder in die Sauna gehen.

Zeit schenken
Zusammen spazieren gehen, draußen Sport machen, füreinander kochen, vorlesen ...

Mit Herz schenken
Kaum ein Geschenk ist persönlicher als etwas Selbstgemachtes: ein Bild, ein Brief, ein Song, ein selbstgepflückter Blumenstrauß oder zum Beispiel das selbstgemachte Peeling von Seite 152.

Etwas Verrücktes erleben
Gemeinsame Erlebnisse schweißen zusammen. Hier gibt es Inspiration: Mydays, Fun4you, Jochen Schweizer.

Etwas Neues lernen
Tango tanzen lernen, kochen, töpfern, kickboxen, schwedisch sprechen – zusammen etwas Neues zu lernen, macht Spaß und ist ein wertvolles Geschenk.

Zusammen reisen
Gemeinsame Reisen erweitern den Horizont. Die kostbaren Erinnerungen und Anekdoten schweißen für immer zusammen.

 **Eco-Tipp:**

Grüner fliegen – über atmosfair können wir den CO_2-Ausstoß von unseren Flügen berechnen lassen und mit einer Zahlung ausgleichen. Die Organisation unterstützt mit den geleisteten Kompensationszahlungen mehr als 20 internationale Klimaschutzprojekte.

DIE SIEBEN BESTEN
PFLANZEN FÜR MINIMALISTEN

Die Empfehlung, basierend auf einer Forschung der NASA, liegt bei einer Pflanze pro zehn Quadratmeter Wohnfläche.

HOL DIR DIE NATUR INS HAUS

Frische Minze für den Tee, Basilikum zur Tomate oder Schnittlauch aufs Brot – frische Kräuter sind auch in der minimalistischen Küche zu Hause. Darüber hinaus gibt es grüne Mitbewohner, die zwar nicht essbar sind, aber trotzdem mehr können, als gut auszusehen. Klar, alle Pflanzen produzieren Sauerstoff und beseitigen Kohlenstoffdioxid. Einige können aber noch mehr, zum Beispiel Chemikalien und Schadstoffe wie Benzol, Formaldehyd, Kohlenmonoxid oder Trichlorethylen aus der Luft herausfiltern. Diese Schadstoffe können aus den industriell hergestellten Produkten austreten, mit denen wir uns umgeben. Durch Rauchen, aber auch unseren eigenen Stoffwechsel entstehen noch weitere. Die sieben folgenden, pflegeleichten Pflanzen absorbieren Schadstoffe aus unserer Zimmerluft und verbessern das Raumklima nachhaltig. Zudem reduzieren Pflanzen das Stresslevel und hellen die Stimmung auf.

Aloe Vera – Diese Pflanze ist ein echter Alleskönner. Das Gel aus den Blättern gilt als entzündungshemmend, hilft bei kleinen Schnittwunden und kühlt bei Sonnenbrand.

Grünlilie – Sie ist unglaublich anspruchslos und pflegeleicht, liebt es hell bis halbschattig und baut zuverlässig Kohlendioxid und Formaldehyd ab.

Drachenbaum – Der Drachenbaum baut Schadstoffe wie Benzol, Formaldehyd, Toluol sowie Trichlorethylen wirkungsvoll ab. Der grüne Freund bevorzugt einen halbschattigen Platz.

Einblatt – Diese schöne Pflanze, die auch auf die Namen Spathiphyllum, Blattfahne oder Friedenslilie hört, blüht fast den ganzen Sommer. Im Tausch für einen schattigen Platz beseitigt sie Ammoniak, Benzol, Formaldehyd und Trichlorethylen.

Bogenhanf – Der robuste Bogenhanf braucht wenig Pflege. Dank seiner großen Blätter bringt er viel Sauerstoff in die Luft und nimmt sogar nachts Kohlenstoffdioxid auf.

Efeu – Efeu ist immergrün und gehört zu den Pflanzen, die die Luft am meisten reinigen.

Schwertfarn – Farne lieben kühle Standorte mit hoher Luftfeuchtigkeit und indirektem Licht. Das macht sie zur perfekten Badezimmer-Pflanze.

🌐 **Netztipp:**

Noch mehr Inspiration zum Leben mit Pflanzen gibt es bei *Urban Jungle Bloggers,* der Community von Igor Josifovic und Judith de Graaff.

WILLKOMMEN IM PARADIES!

Constantin lebt im Wohnwagen auf
acht Quadratmetern – mit Traumaussicht.

Ein einsamer Bootsanleger, am Saatwinkel, an
der Havel. Möwen watscheln träge umher.
Die Sonne steht hoch am Himmel, während
ein rundes Grillboot mit angeheiterten jungen Män-
nern scheinbar ziellos vorbeitreibt. Auf dem Boot
grillen die Junggesellen mit ihren Nackensteaks um
die Wette. Sonst trübt nichts die Idylle. Genau hier,
an diesem Bootsanleger, hat Constantin im März
vor vier Jahren die ersten zarten Sonnenstrahlen
des Frühlings genossen und zwei Stunden auf die
nächste Fähre zur Insel Valentinswerder gewartet,
um dort zum Saisonstart einen Freund zu besuchen. Die erste Fähre hatte er ganz knapp verpasst.
„Ich habe am Steg gewartet, bis die nächste Fähre

Constantin Peyfuss / 50
Freier Kreativer
Berlin, Valentinswerder

kam. Auf Valentinswerder bin ich dann durch Zufall als Erster an Land gegangen – weil ich als Letzter eingestiegen bin", erinnert sich Constantin.

Auf der Insel fiel sein Blick auf einen Aushang am schwarzen Brett. Dort stand, dass ein Nachmieter für einen Wohnwagen in der ersten Reihe am Wasser gesucht wird – Constantin hat sofort angerufen und hatte Glück. Das ältere Ehepaar, das den Campingwagen schweren Herzens aufgeben wollte, war da und lud ihn zur spontanen Besichtigung ein. Keine Viertelstunde später war der Deal per Handschlag besiegelt. „Es war Schicksal", sagt Constantin und blickt auf das Wasser.

Seitdem lebt er fast das ganze Jahr über in seinem acht Quadratmeter großen Campingwagen auf Valentinswerder, der zweitgrößten Insel im Tegeler See. Constantins Wohnwagen steht auf einem Ufergrundstück mit Schilfgürtel und malerischem Blick auf das Wasser. Direkt am Ufer hat Constantin sich eine kleine zusätzliche Holzterrasse gebaut. Gäste bekommen bei ihm hier immer einen Platz mit Seeblick. Auf dem Wasser herrscht in den Sommermonaten ein reges Treiben.

Von seinem Arbeitsplatz im Wohnwagen aus arbeitet Constantin als freier Kreativer für Agenturen und Kunden – Hauptsache, die Internet-Verbindung ist stabil.

Erst wenn der Winter naht, packt Constantin all
sein Hab und Gut erst in das Boot und dann in seine
kleine Ape, eine italienische Lastenvespa, und be-
zieht ein kleines Zimmer in Neukölln – sein Winter-
quartier. „Ich kann es immer kaum erwarten, dass
es wieder wärmer wird und ich endlich wieder auf
die Insel kann." Am Wochenende kann es im Sommer schon mal quirlig werden auf Valentinswerder.
Neben den 26 ganzjährigen Bewohnern gibt es eine
Reihe an Leuten, die Campingwagen oder umge-
baute Bauwagen bewohnen. „Die kommen aber
meist nur bei Kaiserwetter und sind spätestens
Sonntagabend vorm *Tatort* wieder weg", berichtet
Constantin, „dann kehrt auf der Insel schnell wieder Ruhe ein."

Auf seinen acht Quadratmetern hat Constantin alles,
was er braucht: ein Bett, einen kleinen Schrank,
einen Stuhl und einen Schreibtisch. Von hier aus
arbeitet er als freier Kreativer für verschiedene
Kunden und Marken. „Hauptsache, das Internet
spielt mit", sagt Constantin. Ein Koffer und zwei

Die Lebensmitteleinkäufe erledigt Constantin mit dem Boot. Der nahegelegene Supermarkt hat auf der Rückseite einen eigenen Anleger.

Taschen – das war alles, womit Constantin vor vier Jahren auf die Insel gezogen ist. „Es war eine kuratierte Auswahl." Im selektiven Umgang mit Dingen war Constantin schon geübt: Er reist grundsätzlich immer nur mit Handgepäck. Die ersten Reisen hat er noch mit einem völlig überfüllten Reiserucksack gemacht. Aber dann merkte er irgendwann, dass das völlig überflüssig war und er die meisten Dinge nicht benutzt hat. Durch das Leben auf der Insel hat sich seine Einstellung zu Besitz gefestigt: „Man braucht einfach fast nichts: ein wenig Garnitur an Bekleidung und schnelles Internet." Constantin reduziert sich auch aus Bequemlichkeit. „Da braucht man auf weniger Zeug aufpassen und hat weniger Verantwortung. Besitztum belastet ohnehin. Je weniger man hat, desto flexibler bleibt man."

Zum Einkaufen fährt er mit seinem kleinen Boot mit Außenborder. Der nahegelegene Supermarkt hat auf der Rückseite des Gebäudes einen Bootsanleger. Da kann Constantin mit seinem Boot festmachen – das machen alle Insulaner so. Gekocht wird mit einfachen, frischen Zutaten unter freiem Himmel. Zum Abwaschen, Duschen und Trinkwasserholen gibt es auf der Insel einen Komplex mit Sanitäranlagen. In den Sommermonaten kommt zudem regelmäßig der schwimmende Kiosk vorbei – mit der Zeitung, Cappuccino und Eis.

In die Stadt fährt Constantin nur noch sehr selten – oft nur, wenn er eine große Datenmenge an einen Kunden versenden muss. Dabei ist die Verbindung mit den öffentlichen Verkehrsmitteln richtig gut, in weniger als 45 Minuten gelangt er von Valentinswerder ins Berliner Zentrum. „Ich bin einfach am liebsten hier, die Freunde kommen eh ständig zu Besuch." Und das ist auch kein Wunder – bei der fantastischen Aussicht.

MINIMALISMUS & ARBEITEN

Constantin arbeitet als freier Kreativer von seinem Arbeitsplatz im Wohnwagen aus – mit Traumausblick aufs Wasser. Folgende Tipps und Tools helfen, im Wohnwagen- oder Home-Office Ablenkungen zu reduzieren und die Konzentration und Produktivität zu steigern:

Schreibtisch aufräumen

Mit einem ordentlichen Schreibtisch, auf dem sich nur die wirklich benötigten Gegenstände befinden, fängt jedes erfolgreiche Arbeiten an. Die benötigten Tools kommen nach der Benutzung immer sofort wieder an ihren festen Platz zurück.

Daten

Über die Jahre häufen sich viele Daten und Unterlagen an. Hier hilft es, immer mal wieder durchzusortieren und zu prüfen, welche Daten wir wirklich noch dringend brauchen oder welche uns eine Freude machen.

Fotos

Es kann beim Downsizen helfen, Fotos von Dingen zu machen, von denen wir uns zum Beispiel aus sentimentalen Gründen nur schwer trennen können, die wir aber eigentlich nicht physisch behalten möchten. Wenn wir aber zu viele Fotos von ähnlichen Motiven haben, die wir uns nie ansehen, oder wenn wir schlicht in der Flut an digitalen Fotos ertrinken, können wir uns die schönsten Bilder, die uns glücklich machen und an unvergessliche Momente erinnern, besser ausdrucken lassen und aufhängen.

Post

Am Briefkasten einen Aufkleber anbringen, der erklärt, dass Flyer, Werbung und Wurfsendungen nicht erwünscht sind. Als zusätzlicher Schutz vor unerwünschter Werbung hilft der Eintrag auf der Robinson-Liste. Und auch beim digitalen Postfach gilt: Weniger ist mehr. Daher alle Newsletter und Abos abbestellen und nur die wenigen behalten, auf die wir uns wirklich freuen und die wir gerne lesen.

Mails

Im besten Fall beschäftigen wir uns mit jeder eingehenden E-Mail nur genau einmal. E-Mail öffnen, lesen, sofort bearbeiten, weiterleiten, im richtigen Ordner ablegen oder ganz löschen. Das Ziel ist es, immer einen möglichst leeren Mailaccount zu haben. Es hilft auch, feste Zeiten für das Bearbeiten von E-Mails festzulegen.

Papierfreies Büro

Die App *Scanbot* ist das perfekte Hilfsmittel auf dem Weg zum papierfreien Büro. Einfach die zu archivierenden Dokumente abfotografieren, die App schneidet auf das richtige Format zu, und die Datei lässt sich als PDF oder JPG abspeichern oder hochladen.

Nur eine Sache zur gleichen Zeit

Mittlerweile ist es auch wissenschaftlich erwiesen: Multitasking ist ein Mythos und bewirkt nicht, dass wir mehr schaffen. Ganz im Gegenteil: Lieber konzentriert und in Ruhe eine Aufgabe nach der anderen erledigen. Das Tool *RescueTime* trackt, womit wir unsere Zeit am Rechner genau verbringen, mit Hilfe eines Timers können bestimmte Anwendungen und Websites dann für einen bestimmten Zeitraum blockiert werden.

Notizen

Das gute alte Notizbuch hilft uns, Aufgaben und Gedanken zu sortieren. Wer seine Geistesblitze und

To-do-Listen gerne digital pflegt, kann bei der App *Evernote* zum Beispiel auch gleich dazugehörige Links sammeln.

Die Pomodoro-Technik

„Pomodoro" ist italienisch und bedeutet Tomate. Die anerkannte Technik trägt diesen Namen, weil der Erfinder, Francesco Cirillo, bei seinen ersten Versuchen dafür immer eine Küchenuhr in Form einer Tomate verwendet hat. Das System funktioniert folgendermaßen: Die Technik unterteilt zu erledigende Aufgaben in kurze, überschaubare Arbeitseinheiten. Eine Pomodoro-Arbeitseinheit hat eine Dauer von 25 Minuten. In dieser Zeit arbeiten wir hochkonzentriert, ohne Unterbrechung, an einer Sache. Nach Ablauf der Zeit folgt eine kurze Pause von fünf Minuten, in der wir uns ablenken können – oder zum Kühlschrank gehen dürfen. Diese Technik steigert nachweislich die Konzentration und den Output. Pomodoro gibt es als kostenlose App *Flat Pomodoro* oder *ClearFocus* und für den Rechner: tomato-timer.de

Entspannen

Um richtig konzentriert arbeiten zu können, sind Pausen das A und O. Gut ist ein kleiner Spaziergang an der frischen Luft oder eine kurze Auszeit in Form einer Meditation. Das bringt neue Ordnung in den Kopf. Mehr dazu ab Seite 227.

 **Eco-Tipp:**

Grüner Surfen – die Suchmaschine Ecosia spendet 80 Prozent des Gewinns aus ihren Werbeeinnahmen direkt an Baum-Pflanzprojekte. Im Browser-Fenster wird uns oben rechts genau angezeigt, wie viele Bäume durch unsere Suchanfragen schon gepflanzt werden konnten. Aktuell kann so alle 11 bis 16 Sekunden ein Baum gepflanzt werden.

Homestory

MINT
UND MEER

„In Prüfungsphasen ist es hier immer am ordentlichsten."

Johanna Misfeldt / 26
Studentin
Kiel-Schreventeich

Es war Liebe auf den ersten Blick, als Johanna ihre Wohnung zum ersten Mal gesehen hat. Dabei war zu dem Zeitpunkt „eine Menge Fantasie nötig. Die Vormieter hatten die Wände dunkel gestrichen und alles pickepacke vollgestellt", erinnert sich Johanna. Sie hat jedes der drei Zimmer der wunderschönen Jugendstil-Altbauwohnung komplett weiß gestrichen und luftig eingerichtet. Dabei hatte Johanna ein klares Ziel vor Augen: „Das mag jetzt verrückt klingen, aber ich wollte unbedingt viel Fußleiste sehen können!", erzählt sie lachend.

Das ist ihr gelungen. Die Einrichtung besteht aus wenigen ausgewählten Möbeln. „Bevor ich umgezogen bin, habe ich noch einmal ganz stark aussortiert. Ich habe mir vorher auf einem großen Pappbogen ein Moodboard zusammengeklebt und ein Farbschema festgelegt. Alles, was da nicht reinpasste, durfte nicht mit – eiskalt." Ein Vorteil von wenigen Möbeln und offenen Flächen ist auch,

dass sich alles viel schneller aufräumen und putzen lässt. „Ich bin die typische Prokrastinier-Aufräumerin. In Prüfungsphasen ist es hier immer am ordentlichsten. Die physische Ordnung überträgt sich auf meine Gedanken – die sind dann auch klarer und strukturierter."

Johanna setzt bei ihren Möbeln auf einen stimmigen Mix aus alt, neu und selbstgemacht. Einige Möbel sind Erbstücke aus dem Haus ihrer Großmutter auf Sylt, andere sind moderne skandinavische Klassiker. „Ich mag Möbel, die zeitlos sind", erzählt sie. „Wenn ich einen Wohntrend mitmachen möchte, suche ich auf dem Flohmarkt nach kleinen Details – aktuell bin ich verrückt nach Messing – und arrangiere diese zusammen auf meinem Regal." Den Erbstücken von ihrer Oma hat sie zum Teil mit ein bisschen Farbe einen frischen Look verpasst. Das Daybed auf dem Balkon ist aus Europaletten selbst gebaut, und auch in der Wohnung finden sich viele clevere DIY-Ideen. Johanna verwendet gerne gebrauchte IKEA-Möbel, die sie secondhand auf dem Flohmarkt, vom Trödel oder über eBay Kleinanzeigen bekommt, als Basis, um daraus etwas Eigenes, Neues zu schaffen.

Auch für ihre Garderobe stöbert Johanna gerne auf den Kieler Flohmärkten. „Ich halte meinen Kleiderschrank minimalistisch – wenn ich etwas nicht mehr anziehe, wandert es zurück auf den Flohmarkt." Da Johanna – typisch nordisch – ziemlich groß ist, waren ihr die meisten Kleider und Röcke oft zu kurz. Mit Hilfe ihrer Mutter, die gelernte Schneiderin ist, hat sie sich ein eigenes Kleid, genau nach ihren Vorstellungen, entworfen. „Ich habe mir jetzt schon drei Kleider nach dem Schnittmuster genäht – in unterschiedlichen Farben und Stoffen."

In Johannas Küche geht es auch minimalistisch zu. „Ich möchte einfach wissen, was in meinem Essen drin ist. Deshalb koche ich so gut wie immer selbst." Am liebsten kocht Johanna mit frischen Zutaten – die kommen fast immer direkt vom Beet, Baum oder Strauch aus dem großen Garten ihrer Mutter. Und wenn da die Hasen mal wieder schneller waren, kauft Johanna gerne auf dem Wochenmarkt ein. Regional, saisonal und frisch soll es sein. Während der letzten fünf Jahre hat Johanna vielleicht fünf Mal in der Mensa gegessen. „Bisher hatte ich totales Glück mit meinem Stundenplan – der hatte immer die kleine Koch-Pause."

Johanna hat ihre Einrichtung vor dem Einzug ganz genau geplant. Dazu hat sie die Räume ausgemessen und eine Skizze angefertigt. Die Möbel und das Farbschema hat Johanna mit Hilfe eines Moodboards festgelegt.

Das Sideboard ist ein IKEA-Hack. Johanna hat es frisch lackiert und mit einer Holzplatte und Ledergriffen aufgewertet.

Das Daybed auf dem Balkon hat Johanna aus Europaletten selber gebaut.

Auf dem Regal werden die aktuellen Lieblingsstücke ausgestellt. Hier wird nach Lust, Laune und Jahreszeit öfter umdekoriert – am liebsten mit Fundstücken vom Flohmarkt. In der Plant Box von ferm LIVING hat Johanna einen kleinen, grünen Zimmergarten gepflanzt.

🌐 Netztipp:

Unter dem Begriff „IKEA-Hack" finden sich auf Pinterest, der Wohncommunity *SoLebIch* sowie unter ikeahackers.net viele tolle Inspirationen und detaillierte Anleitungen, um aus alten IKEA-Teilen neue, individuelle Einrichtungsstücke zu bauen.

Johanna hat vor ihrem Einzug kräftig entrümpelt und ihren Besitz minimalisiert. Die neue Einrichtung hat sie mit Hilfe eines Moodboards ganz genau geplant. Wer stattdessen seine Räume lieber digital planen möchte, kann dies ganz einfach mit einem 3D-Raumplaner tun. Zum Beispiel über everyday-feng-shui.de

ZEHN NACHHALTIGE
TOOLS FÜR DIE KÜCHE

1 STOFFBEUTEL

Beutel oder Netze sind superpraktisch zum Einkaufen von Lebensmitteln. Obst, Gemüse und Brot sowie lose Zutaten lassen sich darin prima verstauen und transportieren. Ein kleiner Beutel ersetzt auch die Brötchentüte für spontane Gelüste in der Bäckerei. Eine Papier-Brötchentüte hat eine Lebensdauer von nur 25 Minuten, bevor sie im Müll landet. Schöne, in Deutschland genähte Stoffbeutel aus 100 Prozent biologischer Baumwolle gibt es zum Beispiel von naturtasche.de oder als Netz von RE-SACK. Das Eigengewicht des Beutels steht auf dem Label und wird an der Kasse einfach abgezogen.

2 COFFEE-TO-GO-BECHER

Jede Stunde landen in Deutschland über 320.000 Einweg-Becher im Müll. Das sind im Jahr knapp 2,8 Milliarden Einweg-Becher, für die laut der Deutschen Umwelthilfe 64.000 Tonnen Holz und 11.000 Tonnen Kunststoff verbraucht werden. Die durchschnittliche Lebensdauer eines Bechers liegt bei nur 15 Minuten: ein kurzer Ruhm, zumal die Becher in der Regel innen mit Plastik beschichtet sind, daher kaum recycelt werden können und einfach verbrannt werden. Besser trinkt es sich aus einem schönen Refill-Becher. Zum Beispiel aus Glas mit Trinkaufsatz über Lieblingsglas.de oder aus Porzellan vom Traditions-Familienunternehmen Kahla. Wer es ganz minimalistisch mag, setzt auf das Team Schraubglas und Socke. Bei vielen Läden und Kaffeehaus-Ketten gibt es sogar einen Rabatt für alle, die ihren eigenen Becher mitbringen. Die Aktion läuft unter dem Motto: „Coffee to go again". Erste Städte sind gerade dabei, übergreifende Pfand-Systeme für Mehrweg-Kaffeebecher einzuführen. In Berlin zum Beispiel: „JUST SWAP IT", in Hamburg: „Refill it – piloted by l rojito" und in Freiburg: „Freiburg-Cup".
Aber am besten schmeckt sowieso immer noch der Kaffee-zum-hier-Trinken. Einfach mal probieren.

3 BROTBOX

Kunststoff-Dosen enthalten Weichmacher und verändern den Geschmack der darin transportierten Speisen. Daher sind Edelstahl-Boxen die perfekte hygienische Transportverpackung für Stullen, Snacks und Lunch. Zum Beispiel von der Berliner Firma ECO Brotbox.

4 STROHHALME

Edelstahl-Strohhalme sind nachhaltig und hygienisch und können in der Geschirrspülmaschine oder mit einer speziellen kleinen Bürste gereinigt werden.

5 HAUSHALTSTUCH

Ein einfacher Lappen in der Küche übernimmt auch gerne jeden Job, den eine Küchenrolle machen würde. Mit dem Unterschied, dass der Lappen immer wieder gewaschen werden kann, während die Tücher von der Rolle mit einem Wisch im Müll landen. Wer gerne Schwämme benutzt, kauft wasch- und abbaubare Küchenschwämme aus Naturfasern. Schwämme aus Plastik verlieren beim Abwaschen kleine Kunststoffstückchen, die in unseren Wasserkreislauf gelangen.

6 TRINKFLASCHE

Eine gute Trinkflasche gehört in jeden Haushalt und in jede Handtasche. Am besten aus Glas zum Beispiel von Soulbottles oder aus Edelstahl von ECO Brotbox.

7 SPÜLBÜRSTE

Die Köpfe aus Holz mit Borsten aus Naturfasern sind austauschbar und können komplett kompostiert werden.

⑧ BÜRSTEN

Für jede Aufgabe, ob in der Küche oder im Haushalt, gibt es die passende Bürste aus Holz und Pflanzenfasern. Die Bürstenmanufaktur Redeker produziert beispielsweise bereits seit 1935 traditionelle und moderne Bürsten für alle Lebensbereiche.

⑨ KOMPOSTEIMER

Selbst in der kleinsten Küche lässt sich der Müll richtig trennen – und im Komposteimer mit austauschbarem Aktivkohlefilter sind die Bio-Abfälle sogar vor Fruchtfliegen einigermaßen sicher.

⑩ FRENCH PRESS

Mit einer Pressstempelkanne ist es sehr einfach, guten Kaffee zu bekommen. Und das auch noch, ohne dabei überflüssigen Müll wie Kapseln, Filter oder Pads zu produzieren. Da der Kaffee im Vergleich zu anderen Zubereitungsarten längeren Wasserkontakt hat, sollte das Pulver gröber gemahlen werden und etwa die Struktur von Meersalz haben. Das gewährleistet eine langsame und gleichmäßige Kaffeeextraktion.

Auf einen Liter Wasser kommen ungefähr acht Esslöffel Kaffeepulver. Das Wasser nach dem Kochen ca. 30 Sekunden abkühlen lassen und auf den Kaffee gießen. Noch mal umrühren und dann den Stempel so aufsetzen, dass er die Kaffeekruste an der Oberfläche berührt. Je nach Geschmack drei bis sechs Minuten warten, den Stempel langsam gleichmäßig runterdrücken – et voilà, der French-Press-Kaffee ist fertig. Hochwertige French-Press-Kannen aus Edelstahl gibt es zum Beispiel von der Firma alfi.

SPRING CLEANING

Das Schöne am Minimalismus ist, dass auch das lästige Putzen viel schneller erledigt ist. Wenn das Haus oder die Wohnung erst mal von allen überflüssigen Dingen befreit wurde, lässt es sich ratzfatz reinemachen. Die unbenutzten Dinge auf den Regalen heißen ja nicht ohne Grund Staubfänger. Die neuen glatten Flächen sind mit einem Wisch blitzeblank.

Einige kommen beim Entrümpeln so richtig auf den Geschmack, downsizen am Ende sogar und ziehen in ein kleineres Zuhause. Das wirkt sich dann quasi doppelt positiv auf die Putzbilanz aus. Weniger Räume = noch weniger zu putzen!

Wenn das Zuhause erst mal gründlich entrümpelt wurde und eine richtige Grundordnung herrscht, kann man diese ganz einfach mit wenigen Handgriffen und Tipps aufrechterhalten – dann ist gar kein großes Putzen mehr nötig:

Feste Orte – Alle Dinge nach der Benutzung immer sofort wieder an ihren festen Platz zurücklegen.

Eine-Minute-Regel – Alle kleinen Aufräumarbeiten und Handgriffe, die nur eine Minute dauern, immer sofort erledigen.

Power-Putzen – Jeden Tag zehn Minuten Zeit nehmen, um die Wohnung auf Vordermann zu bringen. Am meisten Spaß macht das mit der Lieblingsmusik.

Pflegen, nicht putzen – Wenn wir uns, während wir die Wohnung von Staub und Schmutz befreien, vorstellen, wie wohl wir uns in den sauberen Räumen fühlen, geht es viel leichter von der Hand.

Das Schmutzigste am Putzen sind oft die Reiniger selbst

Wenn die Zimmer selbst von Überflüssigem befreit wurden, können auch die vorhandenen Putzmittel noch mal kritisch unter die Lupe genommen werden. Viele herkömmliche Reiniger beinhalten unnötige, ätzende und sogar giftige Stoffe, die unsere Haut reizen, die Oberflächen angreifen und am Ende über den Abfluss auch noch in unserem Wasserkreislauf landen. Für den normalen Hausgebrauch sind solche scharfen Mittel meist völlig unnötig.

Dabei kann es so einfach sein. Wir brauchen keine zehn verschiedenen Reiniger, um unser Zuhause zum Glänzen zu bringen. Einer reicht für fast alle schmutzigen Jobs im Haus. Wie der Orangenreiniger auf der folgenden Seite, der ist umweltfreundlich, nachhaltig und kommt aus der Küche – und nicht aus dem Chemielabor.

HINWEIS:

Dieser Reiniger darf nicht auf empfindlichen Materialien wie Naturstein, Gummidichtungen oder Silikonfugen verwendet werden.

GRÜN IST DAS NEUE SAUBER!

DIY-ALLZWECK-ORANGENREINIGER

Essig ist ein zuverlässiger Reiniger für fast alle schmutzigen Aufgaben im Haushalt. Er beseitigt zuverlässig Schmutz, Fettspritzer und Kalk und bringt Verblasstes zum Strahlen. Essig kann von der Umwelt schnell abgebaut werden und darf daher nach getaner Arbeit bedenkenlos die Rohre hinuntergespült werden. Allerdings stören sich viele am bissigen Geruch. Dieses Rezept nimmt dem Essig die Säure – aber nicht die Kraft!

Zutaten

5 Orangen (nur die Schalen)

Essigessenz
(in der Glasflasche oder
in die eigene Flasche
abfüllen lassen)

Wasser

Glasbehälter

Sprühflasche

So einfach geht's

Orangen pressen (man benötigt nur die Schale, den Saft kann man nach dem Putzen zur Entspannung genießen).
Die Orangenschalen klein schneiden und in ein großes Glas geben. Das Glas mit dem Essig oder der Essigessenz und Wasser auffüllen (bei der Essenz im Verhältnis eins zu fünf) und zwei Wochen stehen lassen. Danach den nun herrlich duftenden Orangenreiniger durch ein feines Sieb oder Tuch in eine Sprühflasche füllen.

Und schon kann der große Frühjahrsputz beginnen.

DIY-REINIGER MIT ZITRONENSÄURE

Dieser Reiniger hat die geballte Kaltlöse-Power aus der Natur.

Zutaten

400 ml Wasser

20 Gramm Zitronensäure

1 Spritzer Bio-Spülmittel

5 Tropfen ätherisches
Zitronenöl

So einfach geht's

Das Wasser in eine Sprühflasche füllen und die Zitronensäure dazugeben, so lange schütteln, bis sich die Zitronensäure aufgelöst hat. Einen Spritzer Bio-Spülmittel und das Zitronenöl dazugeben, schütteln – schon fertig!

MINIMALISMUS

MODE

Kleidung kann so viel mehr, als uns warm zu halten und vor der Sonne zu schützen. Mit unseren Kleidungsstücken können wir unsere Persönlichkeit und Stimmung ausdrücken. Schwierig wird es nur, wenn wir zu viele haben und uns vorm Kleiderschrank nicht inspiriert, sondern überfordert fühlen.

WENIGER HABEN, MEHR SEIN

Kleider machen Leute

Kleidung ist für uns schon lange so viel mehr als ein physischer Schutz gegen Kälte, Regen, Wind und Sonne. Schon seit Jahrtausenden wird Kleidung verwendet, um den eigenen Status und die eigene Persönlichkeit ausdrücken zu können. Mit einem Kleidungsstück können wir zeigen, wer wir sind, zu welcher Gruppe oder welchem Viertel wir gehören, wer wir gerne sein möchten oder auch wie wir uns fühlen.

Leute machen Kleider

So weit, so gut. Allerdings hat das Mode-Karussell irgendwann begonnen, sich ein bisschen zu schnell zu drehen – und nun ist allen schlecht. Die Herstellung der Stoffe und die Produktion der Mode hat sich mittlerweile größtenteils nach Asien verlagert. Dort wird teilweise unter gefährlichen und menschenunwürdigen Bedingungen produziert, die dazu auch die Umwelt massiv belasten.

Bye-bye Fast Fashion

Die Trends wechseln sich mittlerweile in allen Einkommensschichten so schnell ab, dass die Einkäufer und Käufer kaum noch hinterherkommen. Während es früher mit Frühling, Sommer, Herbst und Winter vier Mode-Seasons gab, gibt es mittlerweile 52. Früher war Mode und Kleidung eine Investition. Man verband mit Lieblingsstücken Erinnerungen und hob sie lange auf, selbst wenn sie nicht mehr dem Zeitgeschmack entsprachen. Doch die Textil-Discounter haben einen Markt für Einwegmode geschaffen: für Kleidung, die man einmal trägt und die sich kaum zu waschen lohnt – da sie dann ohnehin auseinanderfällt. Lieber entsorgt man sie gleich.

Mia Marjanovic war eines der Modemädchen, das jeden Trend mitgemacht hat und gerne „Fast Fashion" kaufte, oft um die Teile nur ein, zwei Mal zu tragen und dann zu vergessen. Heute interessiert sie sich auch noch für Mode, aber kauft weniger und nur noch nachhaltig, ökologisch und fair produzierte Teile. Mehr ab Seite 114.

Grün ist das neue Schwarz

Während grüne Mode in den 1980er Jahren „ökig" aussah und Modebewusste nicht überzeugen konnte, gibt es mittlerweile viele tolle kleine Labels, die fair und nachhaltig produzieren und auch optisch überzeugen können. So wie JAN 'N JUNE, das Label von Anna Bronowski und Juliana Holzheimer (Seite 106), die auf cleane, minimalistische Schnitte setzen. Ihre Teile haben jetzt schon das Zeug dazu, zu Klassikern zu werden.

Ein Kleiderschrank voller Lieblingsteile

In den 30er Jahren hatte eine Frau im Durchschnitt 36 Kleidungsstücke im Schrank. Heute liegt der Schnitt bei 120 Teilen pro Kopf. Die meisten Menschen nutzen jedoch nur 15 Prozent ihres Kleiderschrankes aktiv. Der Rest sind Fehlkäufe, Schrankleichen, Dinge, die nicht richtig passen

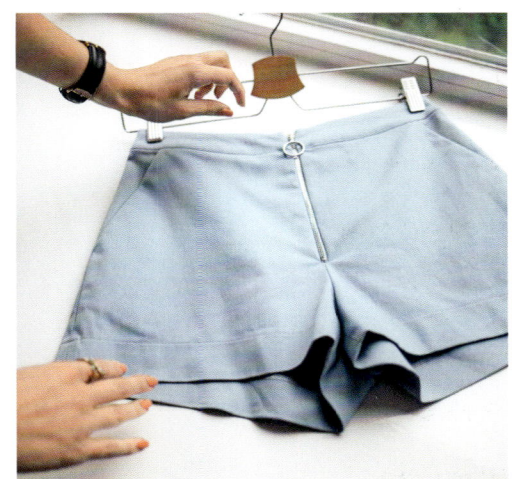

„Einfachheit ist der
Schlüssel jeder wahren
Eleganz."
– Coco Chanel

oder in denen wir uns nicht wohlfühlen. Der aktiv genutzte Teil sind die Kleidungsstücke, die sich auf der Wäscheleine in „Heavy Rotation" befinden. Wenn wir uns selbst und unseren Stil besser kennen, fällt es uns leichter, eine Capsule Wardrobe, also eine sorgfältig ausgewählte Garderobe, bestehend aus wenigen Lieblingsteilen, zusammenzustellen.

Das Projekt 333 perfektioniert diese Idee von der optimalen Garderobe und setzt auf nur noch 33 Kleidungsstücke pro Saison. Der Vorteil ist, dass sich alle Teile miteinander kombinieren lassen und es morgens vor dem Kleiderschrank so schnell geht wie noch nie. Justine Siegler und Alexander Niederhofer haben es probiert. Das ganze Interview ab Seite 94.

Qualität statt Quantität

Wenn wir nur noch wenige Teile im Kleiderschrank haben, können wir es uns auch leisten, in gute Qualität zu investieren und uns Stücke auszusuchen, die unter fairen Bedingungen für Mensch und Natur hergestellt wurden – oder gleich Secondhand kaufen. Denn etwas zu kaufen, das sowieso schon hergestellt wurde, und ihm so ein zweites Leben zu geben, ist immer noch am nachhaltigsten. Das macht zum Beispiel Mimi (Seite 100).

Oft stellt sich auch die Frage, warum wir überhaupt noch kaufen. Mittlerweile bietet die Sharing-Community viele gute Alternativen und neue Konzepte. Die Kleiderei (Seite 127) ist eines dieser außergewöhnlichen Sharing-Konzepte. Dort können wir Kleidung wie aus einer Bibliothek je nach Anlass, Stimmung und Jahreszeit ausleihen und so immer perfekt angezogen sein – ohne die Kleidungsstücke selbst besitzen zu müssen. Denn bei aller Begeisterung für Mode – Shopping darf bei den globalen Konsequenzen, die Fast Fashion und der übermäßige Konsum haben, kein Selbstzweck, kein Hobby sein. Melanie Jeske aka Melodie Michelberger (Seite 123) findet, dass das dann ein ganz schön trauriges Hobby wäre. Sie wünscht sich wieder mehr Raum für einfache, nichtkommerzielle Begegnungen und fordert: „Lasst uns doch einfach mal wieder zusammen spazieren gehen."

CAPSULE WARDROBE

Wer träumt nicht davon, einen Kleiderschrank zu haben, in dem sich nur noch Lieblingsteile befinden? Mit einer sogenannten Capsule Wardrobe wird dieser Traum ganz einfach zur Wirklichkeit. Die Capsule Wardrobe ist eine ausgewählte, minimalistische Garderobe, die nur aus sehr wenigen Kleidungsstücken besteht. Die einzelnen Teile lassen sich in der Regel alle gut miteinander kombinieren, sodass auch mit wenigen Einzelteilen viele verschiedene Outfits möglich sind.

Die Vorteile einer Capsule Wardrobe:

- Das Anziehen geht morgens viel schneller.
- Man braucht weniger Platz im Schrank oder kommt mit einem kleineren Schrank aus.
- Es hängen nur noch absolute Lieblingsstücke im Schrank.
- Sie inspiriert zu mehr Kreativität bei der Zusammenstellung von Looks.
- Sie hilft, den eigenen Stil zu finden.
- Sie spart Geld und Ressourcen, weil weniger gekauft wird.

So einfach geht's

Vor dem eigentlichen Ausmisten des Kleiderschrankes ist es wichtig, sich Gedanken zu machen, welche Kleidung Sie brauchen und in welcher Kleidung Sie sich wohlfühlen. Dazu ist es hilfreich, sich ein Moodboard zu erstellen oder sich selbst in den absoluten Lieblingskleidungsstücken zu fotografieren, um ein Muster zu erkennen und den eigenen Stil besser eingrenzen zu können. Weitere Tipps gibt es auf den nächsten Seiten.

Danach geht es ans Eingemachte: das gründliche Ausmisten des Kleiderschrankes. Das Ziel ist es, sich von allen Kleidungsstücken zu befreien, die nicht passen, die kaputt sind oder in denen man sich nicht hundertprozentig wohlfühlt, und einen kuratierten Kleiderschrank mit nur noch wenigen absoluten Lieblingsstücken zu schaffen. Dazu ist es wichtig, alle Kleidungsstücke aus der ganzen Wohnung auf einen Haufen zusammenzutragen. Dieser „Moment der Wahrheit" – denn es ist schockierend zu sehen, wie viel man an Kleidung gehortet hat – hilft beim darauffolgenden Aussortieren. Hierbei ist es wichtig, dass Sie sich nicht auf die Dinge konzentrieren, die Sie aussortieren möchten, sondern genau andersherum: Suchen Sie Ihre absoluten Lieblingsteile aus dem Haufen heraus. Gehen Sie dabei intuitiv vor. Sie wissen genau, was Ihnen steht, welche Farben Sie mögen und in welchen Teilen Sie sich wohlfühlen. Alle übriggebliebenen Kleidungsstücke können Sie ohne zu zögern aussortieren. Es sind Fehlkäufe, Schrankleichen oder Kleidung, die kaputt ist, nicht mehr richtig passt oder Ihren Stil nicht widerspiegelt. Weg damit. Wischen Sie den leeren Schrank aus und hängen Sie die – sozusagen zum zweiten Mal eingekauften – Lieblingsstücke, die Sie behalten möchten, hinein. Sie können die Kleidung von hell nach dunkel nach Farben sortieren. Kleidung, die Sie in Schubladen verstauen, können Sie falten und das so entstandene Kleidungspäckchen hinstellen oder aufrollen und die Rollen nebeneinander aufreihen. Welches System Sie bevorzugen, ist Geschmackssache und hängt auch von den Verstaumöglichkeiten ab. Wichtig ist nur, dass Sie Ihre Kleidungsstücke so aufhängen und verstauen, dass Sie alles gut im Blick haben. Denn nur was sich im Blickfeld befindet, wird auch oft benutzt. Dinge, die im Stapel ganz hinten im Schrank verschwinden und die Sie nicht mehr sehen, werden meist auch nicht mehr angezogen.

 Tipp:

Die App *stylebookapp* hilft beim Zusammenstellen der Capsule Wardrobe und unterstützt auch dabei, den eigenen Stil zu finden.

PROJEKT 333

DIE MINIMALISTISCHE
CAPSULE WARDROBE = PROJEKT 333

Im Jahr 2010 hat Courtney Carver das Prinzip der Capsule Wardrobe perfektioniert und das Projekt 333 ins Leben gerufen. Es ist ihr System für die perfekte Ordnung ihrer Kleidung. Schnell ging die Idee um die Welt und hat seitdem eine große Anhängerschaft gefunden. Menschen aus unterschiedlichen Ländern und Kulturen ordnen und organisieren ihren Kleiderschrank nach dem von Courtney entwickelten System.

Das Ordnungssystem, das Courtney nach dem Prinzip 333 entwickelt hat, funktioniert folgendermaßen: Für jeweils drei Monate werden 33 Teile ausgewählt. Zu den 33 Teilen gehören Kleidung, Schuhe, Accessoires und Schmuck. Da das Wetter in unseren Breitengraden aber eher unbeständig ist, empfiehlt es sich, die Capsule Wardrobe mit 33 Teilen nicht für vier Jahreszeiten, sondern nur zweimal im Jahr jeweils für die warme und die kalte Jahreshälfte umzusetzen.

Die Regeln

Für jeweils eine Saison werden 33 Teile ausgesucht. Dazu zählen Kleidung, Schuhe, Accessoires und Schmuck. Sentimentale Schmuckstücke wie der Ehering, Unterwäsche, Sportkleidung und Schlafkleidung werden nicht mitgezählt.

Während einer Saison werden keine Teile neu gekauft oder ausgetauscht.

So einfach geht's

Analysieren Sie, was Ihre Kleidung leisten muss. Gehen Sie ins Büro oder auf den Spielplatz oder beides? Beobachten Sie Ihren Alltag: Wie sieht ein typischer Tag oder eine normale Woche bei Ihnen aus? Versuchen Sie, Ihre Zeit prozentual einzuordnen. Wenn Sie zum Beispiel nur gelegentlich ins Fitness-Center gehen, brauchen Sie auch keine Unmengen an Sport-Outfits. Wenn Sie in einem Unternehmen mit strengem Dresscode arbeiten, sinkt Ihr Bedarf an Freizeitkleidung. Versuchen Sie, Ihren individuellen Stil einzugrenzen und zu finden. In welcher Art von Kleidung fühlen Sie sich wohl und worin eher verkleidet? Sind Sie der Jeans-und-Sneaker-Typ, der es unkompliziert mag, oder bevorzugen Sie feminine Kleider? Wie sieht Ihr Signature-Look aus – das Outfit, das Ihre Person am besten beschreibt, in dem Sie sich wohlfühlen und zu dem Sie immer wieder greifen? Um das herauszufinden hilft es, inspirierende Pinterestboards zu erstellen, sich ein lebendes Stil-Vorbild zu suchen oder einfach zu schauen, was auf dem Wäscheständer hängt – dort finden Sie Ihre absolute Lieblingskleidung. Eine weitere Frage, mit der Sie sich auseinandersetzen sollten, ist, welche Farben, Muster und Materialien Sie gerne tragen. Achten Sie darauf, dass sich die Farben und Stoffe untereinander gut kombinieren lassen. Fortgeschrittene legen eine Farbpalette, bestehend aus ihren absoluten Lieblingsfarben, fest. Verschaffen Sie sich im nächsten Schritt einen Überblick über die Basics und Klassiker, die Sie schon besitzen. Hier sollten Sie auf hochwertige Teile aus guten Materialien in neutralen Farben setzen. Denn diese Teile bilden die Grundlage für alle Outfits. Überlegen Sie, welche Kombinationsmöglichkeiten damit mög-

lich sind und ob Sie damit alle Anlässe abdecken können. Gute Kombinationen können Sie fotografieren und als Outfit-Inspiration speichern – für die Tage, an denen es morgens extraschnell gehen soll. Wählen Sie nur Kleidungsstücke, die Sie gerne auch häufig tragen und die zu Ihrem echten Leben passen – und nicht zu einer unrealistischen Traumvorstellung.

Nach Ablauf der drei Monate oder der Saison können Sie Ihre letzte Capsule Wardrobe auswerten und überprüfen, welche Teile auch in der nächsten Auswahl erhalten bleiben sollen, welche ausgetauscht oder repariert werden müssen. Dazu machen Sie sich am besten schon während der Saison Notizen, wenn Ihnen auffällt, welches spezielle Kleidungsstück in Ihrer Auswahl von 33 Teilen fehlt oder welche Teile nicht so oft wie geplant zum Einsatz kommen. Dieses Vorgehen beugt Spontankäufen vor.

Nach Ablauf der drei oder sechs Monate kommen alle Teile, die nicht in die neue Capsule Wardrobe übernommen werden sollen, gewaschen in einen Karton und warten auf den neuen Einsatz in sechs Monaten.

 Tipp:

Auf dem Blog von Caroline Joy Rector gibt es einen guten Free-Wardrobe-Planner-Arbeitsbogen zum Runterladen und Ausdrucken (un-fancy.com).

Interview

EXPERIMENT
333

Justine Siegler & Alexander Niederhofer / 22 / 23
Bloggerin & Co-Gründer eines Start-ups
Wien, 19. Bezirk

Justine und Alex wohnen mitten in Wien im lebendigen 19. Bezirk. Justine lebt seit 2014 vegan, und zwar nicht nur, wenn es ums Essen auf ihrem Teller geht, sondern auch in Bezug auf Mode. Sie trägt keine Kleidung aus Wolle oder Seide, und selbst bei Jeans greift Justine zu Herstellern, die auf ein Label aus Leder verzichten. Über ihre Erfahrungen und Entdeckungen im Bereich der ökologischen, nachhaltigen, fairen und veganen Mode schreibt Justine auch auf ihrem Blog *Justine kept calm and went vegan.* Alex, der Mitbegründer eines Start-ups im IT-Bereich ist, hat mit dem Klischee des IT-Nerds nichts am Hut. Er interessiert sich privat für Fotografie, die unberührte Natur und ebenfalls für nachhaltige Mode. Dabei verfolgt er den Ansatz: Weniger ist mehr.

Justine und Alex haben das Projekt 333 ausprobiert und erzählen, wie sie die Zeit mit ihrer kleinen, aber feinen Capsule Wardrobe aus 33 Teilen erlebt haben:

Welche Rolle spielt Mode in eurem Leben?
Justine: Mir ist Mode sehr wichtig, weil ich überzeugt davon bin, dass man mit der Kleidung, die man trägt, etwas ausdrückt. Was du trägst, gehört eben auch zu deinem Erscheinungsbild. Ich fühle mich einfach viel wohler, wenn ich Kleidung trage, die ich richtig gerne mag.

Alex: Mode interessiert mich mal mehr und mal weniger. Dieses Interesse verändert sich manchmal täglich, wenn ich wenig oder viel Lust dazu habe, mir Gedanken zu machen, was ich heute trage. Alles in allem jedoch kann ich Justine zustimmen: Wenn ich Kleidung trage, die ich mag, fühle ich mich einfach wohler.

Hand aufs Herz, wie viele Kleidungsstücke habt ihr im Schrank?
Justine: Ich habe über die Jahre viele Kleidungsstücke angesammelt, weil ich ein Mensch bin, der auf Kleidung sehr gut achtet und sorgsam mit jedem Stück umgeht! Ich habe etwa 110 Teile.

Alex: Ich habe grob geschätzt 120 Teile. Die meisten davon sind nicht neu. Ich habe mir in den letzten zwei Jahren außer einer einzigen Jacke nichts Neues zum Anziehen gekauft.

Was ist euer absolutes Lieblingsstück, und warum?
Justine: Mein absolutes Lieblingsstück ist meine dunkle High-Waist-Jeans von goodsociety, weil sie der Figur schmeichelt und einfach in jeder Outfit-Kombination klasse ausschaut.

Alex: Aktuell ist das sicher eine Mischung aus Chino- und Jogginghose von Armedangels. Diese Hose hat mein Leben wesentlich bequemer gemacht.

Welche Marken mögt ihr?
Justine: Ich mag besonders gerne hessnatur, People Tree, Elementy, Mud Jeans und Mireia Playa.

Alex: Die Marke ist mir eigentlich nicht so wichtig, sondern für mich zählen viel mehr die Materialien und Bedingungen, unter denen die Mode hergestellt wird. Deshalb trage ich gerne Armedangels, Wunderwerk, Ethletic und Hoodlamb, da sie sich durch Bio-Materialien auszeichnen und transparent mit den Herstellungsbedingungen umgehen.

Worauf achtet ihr beim Einkaufen von Kleidung?
Justine: Ich achte sehr stark auf eine gute Qualität. Ich habe leider früher vermehrt Teile gekauft, die dann nach dreimal Waschen überhaupt nicht mehr gut aussahen, sodass mir die gute Qualität eines Kleidungsstücks mittlerweile sehr, sehr wichtig ist. Außerdem achte ich darauf, dass ein Kleidungsstück gut zu den anderen Teilen aus meinem Kleiderschrank passt und sich leicht kombinieren lässt.

Alex: Bei mir ist es ähnlich. Mir ist auch sehr wichtig, dass mir das Teil auch langfristig gefallen wird und es genügend Anlässe gibt, an denen ich es tragen möchte.

Kauft ihr auch Secondhand?
Justine: Ja, ich kaufe gerne und häufig Secondhand, jedoch weniger Kleidung, sondern eher Küchenuten-

silien und Einrichtungsgegenstände – am liebsten auf dem Flohmarkt.

Alex: Ich liebe Secondhand für alte Armbanduhren und Fahrräder. Bei Kleidung bin ich durchaus offen, bisher hat sich noch nichts ergeben.

Wie würdet ihr euren Stil beschreiben?
Justine: Schlicht, lässig und zeitlos.
Alex: Klassisch, sportlich und praktisch.

Wie findet ihr die Idee vom Projekt 333?
Justine: Ich finde die Idee sehr gut und überraschenderweise auch wirklich gut umsetzbar!
Alex: Same here!

Wie seid ihr beim Erstellen eurer Capsule Wardrobe nach dem Projekt 333 vorgegangen?
Justine: Ich habe mich mit Zettel und Stift hingesetzt und habe alle Teile, die ich sehr häufig und gerne trage, aufgeschrieben. Das waren dann nicht einmal 30 Teile. Dann habe ich überlegt, was ich für verschiedene Wetterlagen noch brauchen könnte, und schon waren die 33 Teile beisammen. Bei mir ging das also ziemlich schnell und einfach.
Alex: Ich kann mich nur anschließen. Ich fand die Auswahl ziemlich einfach und habe es am Anfang fast nicht geschafft, 33 Teile zusammenzubekommen.

1 Shirt – Funktion Schnitt, Hose – People Tree, weiße Sneaker – Jeffrey Campbell, Tasche – Freitag
2 Flattriges Shirt – COS, Shorts – Wunderwerk, Tasche – Stella McCartney, Schuhe – Cinzia Araia
3 Hemd – Braintree, Hose – Review, Sneaker – Ethletic
4 Tasche, blauer Schal – Gunas, Leggings – American Appar Schuhe – Cinzia Araia, Cardigan – Hessnatur, Trenchcoat – Filosofia
5 Kurzarmbluse – Wunderwerk, Leggings – American Apparel, Schuhe – Cinzia Araia, Tasche – Stella McCartney
6 T-Shirt – Funktion Schnitt, Hose – Recolution, Schuhe – Tod's (Gomminos)
7 Kleid – American Apparel, weiße Sneaker – Jeffrey Campbell, Tasche – Stella McCartney
8 T-Shirt – Greenshirts, Hemd – Hoodlamb, Hose – Review, Sneaker – Ethletic

Projekt 333 – spart Zeit, Geld und Ressourcen.

Worauf habt ihr beim Zusammenstellen der Capsule Wardrobe geachtet?

Justine: Ich habe vor allem Lieblingsteile ausgewählt: Stücke, die ich ständig trage, denn damit fühle ich mich am wohlsten, und mit dieser Auswahl konnte ich mir auch am ehesten vorstellen, auf alles, was kommt, gut vorbereitet zu sein.

Alex: Ich habe darauf geachtet, dass ich für jeden Anlass etwas habe, dass also beispielsweise auch ein Sakko dabei ist. Ansonsten habe ich die Kleidungsstücke gewählt, die ich auch davor oft und gerne getragen habe. Eigentlich habe ich alles direkt vom Wäscheständer gepflückt. (Alex lacht)

Alex & Justine: Es ist uns sehr leicht gefallen, die Auswahl zu treffen.

Wie habt ihr die Zeit mit der Capsule Wardrobe erlebt?

Justine: Ich fand es sehr angenehm, eine kleinere Auswahl an Kleidungsstücken zu haben. So hatte ich immer einen perfekten Überblick und wusste in der Früh viel schneller, was ich anziehen werde. Natürlich fällt das Ausprobieren und Kombinieren von neuen Stücken zu einem gewissen Grad weg, was mich aber nur an wenigen Tagen gestört hat. Die meiste Zeit habe ich mich gefreut, dass ich so wenig Zeit mit dem Auswählen von Outfits verbringe!

Alex: Ein großer Vorteil ist sicher, dass du, wie Justine erwähnt hat, schneller eine Auswahl triffst. Es tauchen keine Teile mehr im Kleiderschrank auf, an die man sich gar nicht mehr erinnern kann und von denen man nicht mehr weiß, warum man sie nicht mehr trägt. Manchmal habe ich ein spezielles Kleidungsstück gebraucht und merkte dann, dass es gerade gewaschen wird. Bei 33 Teilen hast du halt nicht viel Doppeltes.

Gab es Situationen, in denen ihr mehr Kleidung gebraucht hättet?

Justine: Ein wenig blöd war, dass der Knopf von meiner Jeans nach wenigen Tagen abgesprungen ist und ich ihn – auf einer Autobahn-Raststation in Deutschland – verloren habe, das hat die Outfits dann doch ein wenig eingeschränkt. Doch glücklicherweise habe ich nach ein paar Tagen einen Ersatzknopf von dem Label zugeschickt bekommen, den habe ich dann fix angenäht.

Alex: Ich kann mich erinnern, dass ich an einem über 30 Grad heißen Tag nur noch lange Hosen zur Auswahl hatte und meine kurze Hose gerade nass aus der Waschmaschine kam. Da ich aber ohnehin mit dem Fahrrad unterwegs war, hab ich sie trotzdem angezogen und am Körper in der Sonne trocknen lassen.

Hat das Projekt 333 etwas bei euch verändert?

Justine: Nach dem Projekt 333 habe ich meinen Kleiderschrank noch mal gründlich aussortiert, weil ich gemerkt habe, dass man viel weniger braucht, als man denkt. Trotzdem fand ich es auch wieder schön, mehr Kombinationsmöglichkeiten zu haben und ein bisschen mit Mode zu experimentieren.

Alex: Ich war weder erleichtert noch wahnsinnig erfreut, wieder alle Teile zu haben. Das hat mir mal wieder gezeigt, dass man auch mit echt wenigen Teilen mehr als genug hat.

Was habt ihr für euch mitgenommen?

Justine: Ich investiere seitdem noch verstärkter in Lieblingsstücke. Mein Ziel ist es, auf Dauer nur noch Kleidung im Schrank zu haben, die ich am liebsten ständig tragen möchte, weil ich sie so gerne mag.

Alex: Meine Entscheidung von vor zwei Jahren, keine neuen Kleidungsstücke zu kaufen, hat sich durch das Projekt 333 weiter gefestigt. Ich bin einfach happy mit dem, was ich habe.

Closet Diary

MINIMALISMUS IM KLEIDER-SCHRANK

Mimi war ein ganz normaler Teenager – sie hat für Bands geschwärmt und ist auch gerne mal shoppen gegangen. „Meine Mutter hat immer geschimpft und gesagt, dass ich zu viel kaufe. Jetzt findet sie allerdings, dass ich wieder mehr kaufen sollte", erzählt Mimi lachend. Heute besitzt Mimi nur noch 18 Kleidungsstücke und wählt ihre Garderobe sehr gründlich aus. Sie behandelt die einzelnen Stücke mit großer Sorgfalt – als ihre weiße Hose mit der Fahrradkette gekuschelt hat, hat sie die Hose zur Shorts umgenäht und ihr somit ein zweites Leben geschenkt.

Bei der Erstellung ihrer kleinen, aber feinen Capsule Wardrobe ist Mimi sehr strategisch und analytisch vorgegangen. Zuerst hat sie ihren Bedarf ermittelt und sich gefragt, wie ihr Alltag aussieht und welche Kleidung dazu passt. Mimi fährt zum Beispiel fast das ganze Jahr über mit dem Fahrrad überallhin. Eine weiße Hose würde daher nicht noch einmal einen Platz in ihrem Schrank bekommen. Heute sucht sie bewusst nach Kleidung, die im Alltag alles mitmacht und sich leicht up- oder downstylen lässt. Eine schwarze Hose kann beispielsweise am Tag ganz lässig zu Ballerinas und Pullover getragen werden und abends mit hohen Schuhen und einem Body mit transparenten Einsätzen zum Ausgehen kombiniert werden. Mimi überlegt, in welcher Art von Kleidung sie sich wohlfühlt und welche Stoffe sie gerne auf der Haut trägt. Früher hat sie öfter bunte Kleidungsstücke gekauft, aber diese dann sehr selten getragen. Deshalb bilden heute schwarze Teile die Basis ihrer Garderobe. Das hat auch den Vorteil, dass sich alle Teile miteinander gut kombinieren lassen und immer neue Kombinationsmöglichkeiten entstehen. So wird es auch mit nur 18 Teilen nicht eintönig. Viele Kleidungsstücke sind Basics. Mimi mag es, wenn Dinge sich vielseitig einsetzen lassen. Wie die kleine schwarze Tasche, in der sie tagsüber ihr Make-up aufbewahrt – die wird am Abend zur Clutch. Wenn Mimi wirklich mal ein neues Kleidungsstück braucht, versucht sie zuerst, in einem der vielen Berliner Secondhand-Läden fündig zu werden. Auch wenn es manchmal ein bisschen länger dauert, findet sie hier die besten Teile, die auch garantiert kein Zweiter hat. Dabei ist es ihr wichtig, dass sie möglichst lange etwas von dem Kleidungsstück hat. Deshalb achtet Mimi jetzt besonders auf Qualität und ist bereit, mehr dafür auszugeben. Nach Möglichkeit meidet sie zudem synthetische Chemiefasern. „Wenn ich alleine wohnen würde, bräuchte ich mehr Kleidung, sonst würde ich keine Waschmaschine voll bekommen", erklärt Mimi. Sie wäscht ihre Sachen seit diesem Jahr mit selbstgemachtem Kastanien-Waschmittel und ist begeistert vom sauberen Waschergebnis. Im Herbst hat sie einen großen Jahresvorrat an Kastanien gesammelt, mit ihrem Hochleistungsmixer geschrotet und getrocknet. Das Rezept für das DIY-Kastanien-Waschmittel gibt es auf Seite 196.

Mimi / 27
Studentin
Berlin

„Meine Mutter findet,
dass ich mehr Klamotten
kaufen sollte."

In Mimis Kleiderschrank gibt es nur
18 Kleidungsstücke – jedes davon ist
ein absolutes Lieblingsteil.

Mit dem Aussortieren und Reduzieren der Kleidung hat ihre Reise zum Minimalismus begonnen, doch mittlerweile lebt Mimi auch in vielen anderen Bereichen minimalistisch und nachhaltig. Sie fährt überall mit dem Rad hin – bei Wind und Wetter. Verpackungsfreies Einkaufen mit einem Fokus auf Bio und saisonalen Produkten ist für Mimi selbstverständlich. Im Bad gibt es nur noch wenige Dinge, viele davon, vom Deo über die Zahncreme, sind selbstgemacht.
Die Kleidungsstücke, die Mimi noch von Fast-Fashion-Ketten wie H&M, Zara & Co besitzt, sind inzwischen viele Jahre alt und werden noch aufgetragen, solange sie in Ordnung sind. Heute würde Mimi diese Marken allerdings nicht mal mehr secondhand kaufen.

Auf ihrem Youtube-Kanal *Minimal Mimi* zeigt Mimi unter anderem, wie sie die 18 Teile aus ihrem Kleiderschrank miteinander kombiniert.

1 Cardigan – Clarina Collection (ein Geschenk von Mimis Mutter), 2 Socken –
American Apparel, 3 Haarspange – Karstadt (alt), 4 Ringe – Familienerbstücke,
5 Rucksack – gebraucht über eBay, 6 Shorts – American Apparel + Monki (alt),
7 Blusen – beide Zara (alt), 8 Pullover – American Apparel, 9 Rollkragenshirt – Vintage
über Kleiderkreisel, 10 Ballerinas – H&M (alt), 11 Lackschuhe – Vagabond (alt),
12 Rock – Escada über Kleiderkreisel

„Ich kaufe, wenn möglich,
secondhand – das ist einfach
am nachhaltigsten."

1 Bodysuits – beide American Apparel, 2 Jacke – Vintage, 3 Rock – Vintage,
4 Hose – Vintage über Kleiderkreisel, 5 Ankle Boots – COS (alt),
6 Clutch – H&M (alt), 7 Bluse – Escada über Kleiderkreisel

DIE BESTEN ADRESSEN
FÜR SECONDHAND-MODE

Mimi kauft fast ausschließlich in kleinen Secondhand-Läden in Berlin ein. Gebrauchte Kleidung und Gegenstände zu kaufen, schont die Umwelt, denn die Dinge müssen nicht noch einmal produziert werden und binden so keine Ressourcen. Außerdem spart es Geld. Folgende Adressen bieten sich zum Online-Kaufen und -Verkaufen an:

eBay – der Klassiker zum Kaufen und Verkaufen von gebrauchten Dingen aller Art.

Kleiderkreisel, Kleiderkorb und Mädchenflohmarkt – drei Kleider-Plattformen, die nach dem Flohmarkt-Prinzip funktionieren. Auf Kleiderkreisel kann Kleidung sogar nicht nur verkauft oder gekauft werden, sondern auch getauscht oder verschenkt.

Etsy und DaWanda – Die beiden DIY-Plattformen bieten neben tollen handgefertigten Dingen auch gebrauchte Mode an.

eBay Kleinanzeigen, Shrock und Stuffle – Kleinanzeigen-Apps bieten neben gebrauchter Kleidung auch Möbel und Dinge des täglichen Gebrauchs an.

Tictail – Hier können wir uns in wenigen Schritten einen eigenen Web-Shop zum Verkaufen unserer Kleidung erstellen. Jeder Shop hat einen eigenen Link und kann über facebook und Instagram geteilt werden.

VESTIAIRE COLLECTIVE und REBELLE – Die beiden Secondhand-Shops sind auf Designerteile spezialisiert.

Kleidertausch-Partys – Unter dem Motto „Tauschen statt kaufer" werden in vielen Städten regelmäßig Kleidertausch-Partys veranstaltet. Es macht aber auch viel Spaß, im Freundeskreis so eine Tausch-Party zu veranstalten und im Kleiderschrank der Freunde zu shoppen. Das Prinzip schafft Platz im eigenen Kleiderschrank und bereitet dem neuen Besitzer eine Freude. Die Party ist die perfekte Gelegenheit, um gemeinsam über vergangene Modesünden und Fehlkäufe zu lachen. Die Teile, die keinen Tauschpartner finden, können danach gespendet werden.

Secondhand-Selbstversuch – Die Hörfunkjournalistin Hindi Kiflai hat ein ganzes Jahr lang nur gebrauchte Kleidung getragen. Sie wollte damit beweisen, dass man sich nachhaltig und gut anziehen kann, ohne viel Geld auszugeben. Die 365 coolen Outfits sind auf ihrem Blog *dailyrewind* zu sehen.

Leihen statt kaufen – Bei der Kleiderei gibt es quasi das Abo für den never-ending Kleiderschrank. Details dazu ab Seite 127.

Label-Porträt

NORDISCH, MINIMALISTISCH, KLAR

Anna Bronowski & Juliana Holtzheimer / 26 / 25
Gründerinnen & Geschäftsführerinnen
Hamburg-Wellingsbüttel

Bei JAN 'N JUNE bekommt der Begriff „Home-Office" eine neue Bedeutung – nachdem Annas Eltern nach Dubai ausgewandert sind, haben Anna und Jula in Annas Elternhaus im Norden von Hamburg ihr Headquarter eingerichtet.

Die beiden Freundinnen haben zusammen Mode- und Designmanagement studiert und vor drei Jahren gemeinsam das Modelabel JAN 'N JUNE gegründet. Der Name ergibt sich aus ihren beiden Geburtsmonaten: Januar und Juni. Viele Start-ups tummeln sich in Fabriketagen und Büros im Zentrum – seit Annas Eltern für längere Zeit nach Dubai gezogen sind, ist Annas Elternhaus im Norden von Hamburg das Zuhause von JAN 'N JUNE.

Die Idee, ein nachhaltiges Modelabel zu gründen, ist bei Anna und Jula aus einem persönlichen Bedürfnis heraus entstanden: Die beiden haben sich nach Mode gesehnt, die schlicht und cool ist, aber nicht auf Rechnung von anderen Menschen oder der Umwelt geht. Sie wollten faire, ökologische und coole Mode zum bezahlbaren Preis. „Manchmal sieht grüne Mode auch so aus: ökig und unsexy. Wir wollten grüne Mode machen, die cool ist. Eher unter dem Motto: Black is the new green." Das Label zeichnet sich durch cleane, minimalistische und zeitlose Schnitte in monochromen Farben aus. „In unserer neuen Kollektion haben wir jetzt mehrere blaue Teile – das ist für uns schon bunt", erzählt Jula lachend.

Die GOTS-zertifizierten Stoffe kommen aus Indien und der Türkei. Anna und Jula verwenden für ihre Kollektionen Bio-Baumwolle, recyceltes Polyester und Lyocell, das aus Zellulose hergestellt wird. Genäht wird unter fairen Arbeitsbedingungen in einem

„Hamburger Schietwetter", dieser Begriff steht für einen feinen Dauerregen, der oft nicht nur von oben, sondern gerne auch von allen Seiten gleichzeitig kommt. Diese Art von Wetter gibt es in der Hansestadt häufiger mal. Da jagt man keinen Hund vor die Tür und verkriecht sich zu Hause mit einer schönen Tasse Tee. Auch in Wellingsbüttel, einer ruhigen Wohngegend mit rot geklinkerten Einfamilienhäusern, ist kein Mensch auf der Straße zu sehen. In einem dieser Häuser, dem mit den schönen Stockrosen vor der Tür, arbeiten Anna und Jula auf Hochtouren an der nachhaltigen Mode von heute und morgen.

kleinen Familienbetrieb in Polen, in dem die Näherinnen zum Teil schon seit 20 Jahren arbeiten. Jula ist Halb-Polin und besucht den Betrieb mehrmals im Jahr. Transparenz ist für Anna und Jula ein wichtiges Thema. Deshalb hat jedes Kleidungsstück eine ECO-ID, die angibt, wie und woraus das Stück entwickelt wurde.

Die Mode von JAN 'N JUNE ist so wunderbar schlicht und reduziert, weil dieser Stil Anna und Jula einfach selbst am besten gefällt. „Wir designen und produzieren nur Teile, die wir auch selbst tragen möchten. Wir sind immer auch die Zielgruppe", erklärt Jula. Gründer eines Labels zu sein, bedeutet auch, viele verschiedene Jobs zu haben: Neben dem Designen der neuen Kollektion verantworten Anna und Jula die Produktion, die Finanzen, das Produkt-Management sowie Werbung, PR und Social Media.

Wenn die beiden gerade nichts vom eigenen Label tragen, setzen Anna und Jula unter anderem auch auf Kleidertausch-Partys, um frischen Wind in den Schrank zu bringen. So eine Party ist ein guter Anreiz, um den eigenen Kleiderschrank noch mal kritisch auszumisten. Nur Lieblingsteile, die wirklich viel getragen werden und sich gut kombinieren lassen, dürfen bleiben.

Dabei sind die beiden schon recht minimalistisch unterwegs und tätigen kaum noch Fehlkäufe. Anna und Jula haben den Inhalt ihrer Kleiderschränke hauptsächlich auf die Teile reduziert, in denen sie sich richtig wohl fühlen und die ihren Ansprüchen bezüglich der Herstellungsbedingungen gerecht werden. Denn durch das eigene Label hat sich die Wertschätzung für Kleidung und die Menschen und Geschichten dahinter noch mal sehr verstärkt. Anna und Jula erleben jeden Tag, wie viel Herzblut, Leidenschaft, Arbeit und Handgriffe hinter einem einzelnen Kleidungsstück stehen. Das prägt und verändert das eigene Kaufverhalten. „Dazu kommt, dass ich mit zunehmendem Alter einfach besser weiß, was mir steht und was ich auch wirklich oft und gerne trage", erklärt Anna. Mit JAN 'N JUNE möchten Anna und Jula Mode kreieren, die zu Lieblingsstücken wird und viele, viele Jahre getragen wird. Zu ihren ältesten Kundinnen zählt mit über 80 Jahren übrigens Annas Oma: „Sie hat einfach einen tollen Stil!", erzählt Anna stolz.

Die aktuelle Kollektion von JAN 'N JUNE beinhaltet neben schwarzen, grauen und weißen Teilen erstmalig auch blaue Kleidungsstücke – für Anna und Jula ist das schon bunt.

GRÜN IST DAS NEUE SAUBER!

Anna und Jula haben mit JAN 'N JUNE ein Statement gesetzt und verbessern die Modewelt von innen heraus. Mit ihrem Label zeigen sie, dass grüne Mode cool, modern und bezahlbar sein kann. Damit sind sie zum Glück nicht allein. Diese veganen und fairen Modelabels begeistern mit guten Stoffen, Schnitten und Designs:

anzüglich, Armedangels, Bleed Clothing, Braintree, Denkefair, Folkdays, Freitag, Gary Mash, GLIMPSE, Goodsociety, GREENALITY, Grüne Erde, Grundstoff, HempAge, hessnatur, Kings of Indigo, KnowledgeCotton Apparel, Kuyichi, Kowtow Clothing, Lana natural wear, LANIUS, Lies in Layers, Lillika Eden, Living Crafts, Lovesign, Luxaa, Maas Natur, Mud Jeans, Nudie Jeans, People Tree, Raw Apparel, Stella McCartney, ThokkThokk, Waschbär, Wunderwerk.

Faire Basics gibt es hier:

Avour, Better B Good, Cotonea, Daily's Nothing's Better, ERDBÄR, Funktion Schnitt, Greenshirts, Grundstoff, Guter Stoff, Stanley & Stella.

 Netztipp:

Justine pflegt auf ihrem Blog *Justine kept calm and went vegan* eine Liste mit noch mehr fairen, nachhaltigen Fashion-Labels.

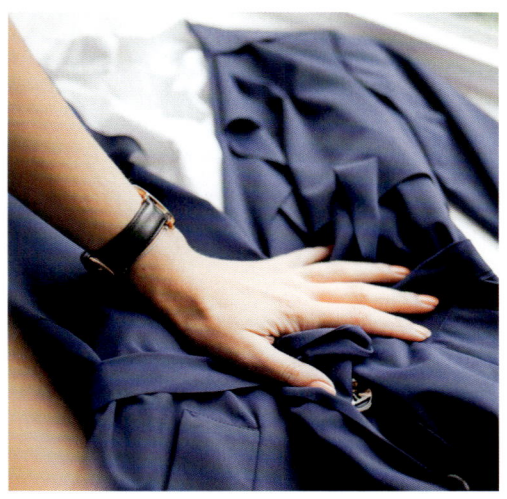

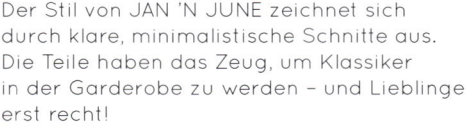

Der Stil von JAN 'N JUNE zeichnet sich durch klare, minimalistische Schnitte aus. Die Teile haben das Zeug, um Klassiker in der Garderobe zu werden – und Lieblinge erst recht!

„Ich mag nur
Dinge um mich
haben, die mir sehr
wichtig sind."

Anja hat sich schon für grüne Mode interessiert, als es dafür weder einen Begriff noch Käufer gab. Vor über zehn Jahren hatte sie in Bonn einen Laden und hat dort Möbel und Mode verkauft. „Der Laden war das, was man heute in der Form wahrscheinlich ‚Concept Store' nennen würde. Ich habe ausgewählte Dinge verkauft, die mich interessieren, für die ich brenne", erzählt Anja. Dazu gehörten neben der Mode auch selbst aufgearbeitete Möbel und Wohnaccessoires. Anja liebt schlichte, cleane und skandinavische Mode und hat einige Labels in ihrem Laden angeboten. Nach einiger Zeit hat sie begonnen, sich näher mit den Produktionsbedingungen und den Materialien zu beschäftigen. „Bei genauerem Hinschauen war da eine Menge faul." Anja hat den Kontakt zu den Labels gesucht und versucht, in die Diskussion zu gehen. Die Labels zeigten kein Interesse daran, etwas zu verbessern. Nach ein paar schlaflosen Nächten hat Anja sich entschieden, das Konzept ihres Ladens ganz neu zu erfinden. „Ich bin ein radikaler Mensch. Ich habe gedacht, okay, entweder gehe ich mit Glanz und Gloria unter – oder es funktioniert." Sie hat angefangen, nach Marken zu suchen, die es anders machen – Marken, zu denen sie stehen kann. Anja hat all ihr Herzblut in den Laden gegeben. Sie ist mit den Leuten ins Gespräch gekommen und hat viel missioniert und erklärt. Mit Erfolg: Die Kunden sind immer wieder gekommen.

Ein paar Jahre später schlägt Anjas Herz immer noch für grüne Mode. Mittlerweile lebt sie mit ihrem Mann in Berlin und hat eine Agentur für grüne Modelabels gegründet. Anjas Büro und Showroom befindet sich auf einem Split-Level in ihrem Loft – die über vier Meter hohen Decken machen es möglich. Anja mag es klar eingerichtet. „Das liegt einfach in meiner Natur. Ich mag nur die Dinge um mich herum

Anja Eckert
Agenturinhaberin
Berlin-Kreuzberg

haben, die mir sehr wichtig sind." Einer ihrer Kunden ist zum Beispiel das Label Flavia Aranha, das sie auch schon in ihrem Laden geführt hat. Das Label aus Brasilien färbt alle Stoffe ausschließlich mit pflanzlichen Farbstoffen. Das ist einmalig in der Modewelt, da zum Färben von Stoffen in der Regel sehr viele Chemikalien verwendet werden – eine Zumutung für die Menschen, die Umwelt und zum Schluss auch für den, der die Kleidung trägt. Die Macher von Flavia Aranha haben viel ausprobiert, bis sie die perfekten Farben entwickelt haben. Dadurch, dass mit Pflanzen gearbeitet wird, kann das Farbergebnis auch jedes Mal minimal anders werden. So wird jedes Stück zum Unikat. Privat besitzt Anja nur wenig Kleidung: „Die Leute denken manchmal automatisch, dass man einen sehr großen Kleiderschrank hat, wenn man beruflich etwas mit Mode zu tun hat. Bei mir ist es umgekehrt. Durch die große Auswahl bei mir im Showroom und auf den Messen bin ich sehr kritisch geworden, was meinen eigenen Schrank angeht. Viele Teile in meinem Schrank besitze ich schon seit vielen Jahren und trage sie nach wie vor mit Freude. Ich jage auch keinen Trends hinterher, sondern habe meinen eigenen Stil entwickelt", erzählt Anja. Wenn sie sich einmal für ein neues Teil entscheidet, dann achtet sie stets sehr auf Qualität. Auch die Haptik der Materialien spielt eine sehr große Rolle. Anja be-

„Minimalismus ist
die Konzentration auf das
für mich Wesentliche."

sitzt lieber „nur wenige Dinge, die dann aber auch einen Wert haben dürfen". Den gleichen Anspruch stellt Anja auch an die Produkte der Firmen, mit denen sie zusammenarbeitet. Bei ihren Labels achtet sie ganz genau darauf, wie sich die Kleidungsstücke anfühlen. Sie hinterfragt immer genau: Was ist das für ein Material? Wo kommt es her? Wer hat es gemacht? Bewusst, aber nicht dogmatisch. Nur wenn sie alles für sich und ihre Kunden zufriedenstellend beantworten kann, nimmt sie die Labels auch auf – dabei ist Anja immer noch genauso neugierig und kritisch, wie sie es vor über zehn Jahren in ihrem grünen Modeladen war.

Tipp: Online-Shops für faire Mode

Anja hatte lange Jahre einen Laden für grüne Mode. Der persönliche Austausch mit den Kunden war ihr immer besonders wichtig. Wer kein Fair-Fashion-Geschäft in seiner Nähe hat, kann bei diesen Läden online stöbern:

Asos Green Room, Avesu Vegan Shoes, Avocado Store, Better2Gether, Cyroline, DearGoods, Fairtragen, Favorite Fair, Fine Birds, Flügelschlag, Grüne Wiese, Greenality, Kleidungsladen, Le Shop Vegan, Lieblingsbrand, Modavanti, Mr. & Mrs. Green, Shoezuu, UNIQKORN, Vegetar, Zündstoff.

GRÜN
IST DAS NEUE
SCHWARZ

Mia Marjanovic / 30
PR-Beraterin
Berlin-Kreuzberg

Mias liebste Naturkosmetikprodukte:

1 Concealer – RMS Beauty
2 Wimperntusche – UND GRETEL
3 Lip2Cheek Lippen- und Wangenfarbe – RMS Beauty
4 Lippenstift – Korres
5 Lidschatten – UND GRETEL

Manche Menschen haben so ein Lächeln, ein Strahlen, das beinahe leuchtet. Mia ist so eine Person. Auf so viel geballte gute Laune gibt es erst einmal einen Smoothie. Den macht Mia sich immer anders – ganz nach Lust und Laune, heute mit Bananen, verschiedenen Früchten und Pflanzenmilch. Chiasamen oder Gojibeeren wandern auch gerne mit hinein.

Mia wohnt mit ihrem Freund Jesse in einer wunderschönen Altbauwohnung in Kreuzberg, in der es gemütlich nach Räucherstäbchen duftet und es an jeder Ecke beeindruckende DIYs zu bewundern gibt. Das Kupfer-Regal in der Küche oder die vielen aufwendig geknüpften Blumen-Makramees sind nur zwei ihrer neuesten Kreativ-Projekte, die seit kurzem die Wohnung verschönern.

Früher war Mia ein richtiges Mode-Mädchen und hat „ziemlich schlimm und viel geshoppt". Auch heute brennt ihr Herz noch für Mode und interessante, gut kombinierte Outfits. Allerdings hat sich der Fokus total verschoben. Dinge, die man nur ein, zwei Mal anzieht und dann wegwirft, Fast Fashion von Zara und Co, kommen Mia schon seit zwei Jahren nicht mehr in die Tüte. Auf ihrem Blog

Perfekter Start in den Tag –
ein Smoothie mit Pflanzenmilch,
Banane und Beeren.

heylilahey zeigt sie jetzt stattdessen, wie cool, lässig und modern Fair-Fashion-Looks heute aussehen können. „Ich hatte irgendwann genug von der Schnelllebigkeit in der Mode-Welt und dem Druck, ständig neue Kleidung zu kaufen und zu präsentieren. Also habe ich mir ein sechsmonatiges Shopping-Verbot auferlegt." Die Zwangspause hat dazu geführt, dass sich Mias Kaufverhalten grundsätzlich verändert hat. Von Fast Fashion hin zu nachhaltig, vegan und fair produzierter Mode.

„Zu Anfang musste ich ein bisschen suchen, bis ich Sachen gefunden habe, die mir gefallen und nicht ‚ökig' aussehen. Aber mittlerweile gibt es so viele tolle Marken. Und es werden immer, immer mehr!", berichtet Mia über die erste Zeit nach dem Shopping-Verbot. „Wenn ich jetzt etwas Neues kaufe, achte ich auch sehr auf die Qualität und mache mir viele Gedanken, wie ich das Teil kombinieren kann und ob ich es wirklich brauche."

1 Lippenstift – Inika, 2 Tagespflege – Mukti,
3 Augencreme – Oliveda

Das Makramee hat Mia selbst geknüpft – es ist nur eines der vielen DIYs in ihrer Wohnung.

Der neue, bewusste Umgang mit Mode hat längst auch in andere Bereiche des Lebens Einzug gehalten. „Wenn man beginnt, sich über die Dinge, die einen umgeben, Gedanken zu machen, dann hört man beim fairen T-Shirt doch nicht plötzlich auf." Mia kauft immer mit Jutebeutel ein, die Edelstahlwasserflasche ist ihr treuer Begleiter, und im Bad steht ausschließlich Naturkosmetik mit wenigen, aber hochwertigen Inhaltsstoffen. Viele Kosmetik- und Haushaltsprodukte wie Deo, Putz- und Waschmittel stellt Mia selbst her. Zum Abschied verrät Mia noch ihr Geheimnis für ihre strahlende Haut: „Viel Wasser trinken schadet wirklich nicht, aber abschminken mit Öl wirkt Wunder." Für die Öl-Reinigung einfach ein wenig Öl – besonders gut eignet sich zum Beispiel Argan- oder Olivenöl – auf das trockene Gesicht geben, sanft einmassieren und mit einem feuchten, lauwarmen Lappen sanft wieder abnehmen. Et voilà, hallo Strahlehaut!

WEIL JEDES OUTFIT ZÄHLT

Mia hat sich mit befreundeten Bloggern zu einem „Fair Fashion Squad" zusammengetan. Die Blogs behandeln Themen wie Nachhaltigkeit und faire, „langsame" Mode und zeigen, dass Fair Fashion bezahlbar und cool sein kann – und das mit einer Leichtigkeit und Begeisterung, die inspiriert.

at least – Es ist nicht einfach, bei jedem Kauf die „richtige" Entscheidung zu treffen – aber Lisa regt auf ihrem Blog an, dass wir uns über die Verantwortung beim Einkaufen bewusst werden sollten.

Fashion Fika – Das Wort „fika" kommt aus dem Schwedischen und bedeutet in etwa „Kaffee trinken gehen". Die Autorin Anni verbindet auf dem Blog ihre Leidenschaft für faire Mode und guten Kaffee.

Jäckle und Hösle – Vreni findet, dass Frauen alles dürfen: sich für Mode interessieren, für Beauty-Kram, für Reisen, aber auch für Nachhaltigkeit, Feminismus und vieles mehr.

Justine kept calm and went vegan – Justine und ihr Freund Alex haben hier zum Beispiel ausprobiert, wie es sich mit einer Capsule Wardrobe bestehend aus 33 Teilen so lebt.

Kunstkinder Mag – Das Online-Magazin von Anna und Esther richtet sich an LebenskünstlerInnen, Modemenschen, Stadtkinder und WeltverbesserInnen.

Mari Dalor – Die Bremerin Lisa-Marie bloggt mit Leidenschaft zu den Themen Slow Fashion, Vegan Food und Interior.

nice to have mag – Julia-Maria und Agnes Pauline schreiben über grüne Mode, Beauty, Interieur, Lifestyle und Nice-to-haves – also Dinge, die das Leben noch ein wenig schöner machen.

noveaux – In dem Blog und gleichnamigen Printmagazin geht es um die Themen Fair Fashion, vegane Kosmetik und veganes Essen, grünen Lifestyle und das Selbermachen.

Sloris – Wiebke aus Hamburg bloggt unter dem Motto #slowdownandfashionup in den Kategorien vegan, eco und social.

stellamina – Amina möchte das für sie schönste und wertvollste Leben führen, und das findet sie in der Reduktion. Sie kauft fast nur noch, was sie wirklich braucht. Auf ihrem Blog geht es um einen nachhaltigen Lebensstil und soziales Unternehmertum.

Stryletz – Aus Hamburg berichtet Bina über minimalistische Mode, veganes Essen, puristisches Interior und die Reise zu einem fairen Lifestyle.

subvoyage – ist das bewusste Online-Magazin von den beiden Schwestern Anna und Julia. Die beiden schreiben aus Aachen und aus Köln über moderne Nachhaltigkeit.

Weitere Blog-Adressen zum Thema Nachhaltigkeit und Mode:

Fairknallt – Model und Schauspielerin Marie Nasemann teilt auf ihrem Blog ihre Leidenschaft für faire, verdammt coole Looks.

Glowing – Bei dem achtsamen Lifestyle-Magazin aus München dreht sich alles um die Dinge und Themen, die einen den Alltag bewusster erleben lassen.

Gretchens Fragen – Barbara Öllerer beschäftigt sich neben Fair Fashion auch mit den Themen Reisen, veganes Essen und Feminismus.

Kissen und Karma – Die Stuttgarterin Corinna stellt Inspirationen für Outfits und ein schönes Zuhause vor, die möglichst fair und nachhaltig sind.

Loving Fair – Mari besitzt nicht viele Dinge, lieber wenige, die ihr viel wert sind. Auf ihrem Blog teilt sie Erfahrungen mit Naturmode und Naturkosmetik.

Made of Stil – Die Herzen der beiden Freundinnen Karina und Nicole schlagen für Vintage, Slow und Fair Fashion, Literatur und DIY.

Veggie Love – ist der Blog von Franziska Schmid über veganen Lifestyle, für den keiner leiden soll – keine Menschen, keine Tiere und nicht die Umwelt.

Noch mehr Inspiration:
Beyond Fashion/Daria Daria/DailyRewind/Design Mob/Fair A Porter/Get Changed/Green Friday/Grossvrtig/Grün ist das neue Schwarz/Grüne Mode/Ichkaufnix/Kim Goes Öko/My Fair Ladies/Peppermynta/Phoenomenal/Pink & Green /Slowfashionblog/The Sophisticated Sisters.

„BUY LESS, CHOOSE WELL, MAKE IT LAST."

– VIVIENNE WESTWOOD

Graues Kleid von Alternative Apparel, vegane
Tasche von Denise Roobol, der Ring ist von Kaligarh,
einem fairen Schmucklabel aus Nepal, und
die Armreifen sind Handarbeit aus Südafrika.

Interview

WIR BRAUCHEN
EINE MODE-
REVOLUTION!

Melanies Motto ist: Support your local hero. Sie kauft bevorzugt Teile, die lokal mit Liebe und von Hand produziert worden sind. Wie zum Beispiel die Lampe von Pani Jurek und das Wall-Hanging von Sandra Schollmeyer.

Zwischen Michel und Hafen wohnt die Frau mit den schönsten Putzlappen Hamburgs. Melanie Jeske aka Melodie Michelberger hat ein Faible für farbenfrohe Kleider und trägt diese konsequent – bis sie auseinanderfallen. Danach werden die Kleider zerschnitten und starten ganz selbstverständlich eine zweite Karriere: als Putzlappen. Melodie ist seit Jahren in der Mode- und Netzwelt zu Hause. Gemeinsam mit der Illustratorin Eva Dietrich hat sie im Sommer 2016 TRUST THE GIRLS gegründet: eine Plattform für Feminismus, Gleichberechtigung und Vielfalt.

Wir haben Melanie zu Hause besucht und mit ihr über Mode und Konsum gesprochen.

Wie lange brauchst du morgens vor dem Kleiderschrank?

Nur ein paar Sekunden. Ich habe immer ein „Everyday-Kleid", das ich total gerne anhabe. Das ziehe ich zu allen Gelegenheiten an, ob zu einer Abendveranstaltung oder zum Meeting.

Woher kommt deine Liebe zu farbenfrohen Kleidern?

Oh, das hat auch praktische Gründe, da bin ich mit nur einem Teil fertig angezogen. Außerdem habe ich nicht das Problem, dass sich die Dinge nicht kombinieren lassen. Jedes Teil ist für sich ein „Statement-Piece".

Melanie Jeske / 40
Communications Editor
Hamburg-Neustadt

Wie groß ist dein Kleiderschrank?

Ich habe nicht mehr so viele Sachen und trage meine Kleider hoch und runter – auch zu mehreren Events hintereinander. Und wenn ein Teil irgendwann auseinanderfällt, wird es zum Putzlappen umfunktioniert. Es hat quasi ein ganzes Leben mit unterschiedlichen Stufen und Funktionen.

Welche Rolle spielt Qualität für dich?

Ich habe die Erfahrung gemacht, dass, wenn man gute Sachen kauft, man wirklich länger etwas davon hat. Ich kaufe grundsätzlich nur noch Stücke, die ich wirklich supertoll finde. Außerdem passe ich auf meine Sachen sehr gut auf. Für mich ist Shopping kein Hobby. Ich habe keine Zeit und keine Freude daran, stundenlang durch irgendwelche Läden zu rennen, Sachen anzuprobieren und am Ende Dinge zu kaufen, die mich nicht 100 Prozent überzeugen.

Was meinst du, warum kaufen besonders Frauen so gerne und viel Fast Fashion?

Wir Frauen sind das ideale Opfer für die Werbung der Industrie. Mit riesigen Plakatkampagnen wird uns doch suggeriert, dass man sich jeden Sommer einen neuen Bikini kaufen soll. Ich denke mir immer, behaltet euren Bikini doch, bis er auseinanderfällt, spart euch das Geld und fahrt lieber irgendwo hin – zum nächsten Badesee zum Beispiel – genießt eure Freizeit und euer Leben!

Wie bewertest du die Entwicklung der Gesellschaft bezüglich des Konsumverhaltens?

Unsere Gesellschaft driftet gerade ab in eine Konsumspirale – es geht nur noch darum, Dinge zu konsumieren. Es geht nur noch selten um anderes, wie zum Beispiel darum, was man sich von der Welt oder von seinen Freunden wünscht. Oder dass man eine gute Zeit hat – ohne etwas zu kaufen. Das können ganz wenige: eine gute Zeit haben, ohne etwas zu konsumieren.

Ich glaube aber, dass die Gesellschaft noch nicht am Ende der Spirale angekommen ist. Es geht bestimmt noch ein paar Jahre so weiter, bis dann ein richtiger Zusammenbruch kommt und man sich auf andere Werte besinnt.

Was müsste passieren?

Zum Beispiel eine große Katastrophe, eine von noch größerem Ausmaß als bisher. Wenn in Bangladesch eine Fabrik einstürzt oder abbrennt, dann sind alle kurz betroffen, aber am nächsten Tag rennen sie trotzdem wieder zu H&M und Co. Solche Tragödien sind gefühlt zu weit weg. Wirklich wachrütteln würde es die Leute wohl nur, wenn etwas passiert, von dem sie und ihre Familien persönlich betroffen sind. Es muss wahrscheinlich erst richtig knallen, damit die Leute umdenken und merken, wie sehr die Gesellschaft sich entwurzelt hat und wie sehr sich alle nur noch auf den Konsum besinnen.

Wie könnte ein gesunder Umgang mit Konsum aussehen?

Zuallererst brauchen wir neue Hobbys! Hobbys wie Spazierengehen, Rollschuhfahren und Sich-mit-Freunden-Treffen müssen Dinge wie Ins-Café-Gehen und Shoppen ablösen. Das Bewusstsein fehlt bei ganz vielen Leuten. Die Industrie und unsere Wirtschaft wünschen sich unmündige Menschen, die sich im Kreis drehen.

Mein Sohn meinte neulich: „Mama, die Werbung ist so dumm. Die sagen: Kauft euch einen neuen Fernseher – obwohl man schon einen Fernseher hat." Ich habe ihm dann erklärt, dass es wichtig ist, kritisch zu sein und die Inhalte von Werbung zu hinterfragen. Viele kleine Firmen können sich keine teure Werbung, großen Schaufenster und guten Produktplatzierungen leisten. Und die anderen wollen dir oft etwas andrehen, das du nicht brauchst. Im Handel sind nur die großen Marken mit ihren Produkten auf den teuren Plätzen direkt auf bequemer Greif- und Augenhöhe platziert – die anderen Produkte laufen damit fast automatisch unter dem Radar. Und auch wenn uns etwas scheinbar freiwillig empfohlen wird, müssen wir kritisch prüfen, wie unabhängig und authentisch diese Empfehlung wirklich ist. Verlage sind auch nicht frei, die müssen immer auch die Anzeigenkunden berücksichtigen. Ich würde mir wünschen, dass man schon früh anfängt, das Konsumverhalten kritisch zu beäugen. Wir müssen unseren Kindern zum Beispiel beibringen, wo das Essen und die Kleidung herkommen, wie die genauen Wege sind. Was bedeutet das, wenn ich mir ein Vier-Euro-T-Shirt kaufe? Wie wird aus dem Samen in der Erde ein Baumwoll-T-Shirt? Das muss im Privaten passieren, klar, aber es wäre doch toll, wenn es dazu auch ein eigenes Schulfach geben würde, damit aus den Kindern mündige Konsumenten werden.

Ist konsequent weniger kaufen ein Ansatz?

Absolut! Die meisten kaufen weit mehr, als sie brauchen, und schmeißen die Sachen schnell weg. So kann es nicht funktionieren. Fast Fashion ist ein krankes System, das darauf beruht, dass wir Leute ausnutzen, die Umwelt ausnutzen, und das darauf aufbaut, dass wir ausnutzen können! Darin gibt es keine Wertschätzung: für nichts und niemanden.

Ist faire, nachhaltige und ökologische Mode elitär oder bereit für den Mainstream?

Eine gute Freundin hat neulich gesagt, dass sie sich keine gute Mode leisten kann. Ich habe geantwortet: Du kannst es dir alles leisten. Du kannst es dir nur nicht in der Menge leisten. Aber die Menge, die du dir aktuell leistest, ist auch nicht nötig. Du könntest mit wenigen guten Produkten genauso happy sein.

Wir brauchen ein neues Verständnis von Ethik und Moralität – ein Umdenken. Bis jetzt werden die Leute zu kleinen Arbeitssoldaten erzogen. Viele wollen Geld verdienen, um sich den Konsum leisten zu können.

Gibt es auch eine Gegenbewegung?

Zum Glück können wir mittlerweile ganz viel teilen: Autos, Wissen, Wohnungen und Kleidung. Die Statussymbole verändern sich. In den 1980er Jahren musste man noch ein großes Auto haben, jetzt ziehen die Leute bewusst aufs Land, ohne dort ein großes Haus zu bauen, oder fahren mit dem Zug in den Urlaub.

> „Das können nur noch ganz wenige: eine gute Zeit haben, ohne etwas zu konsumieren."

 **Filmtipp:**

The True Cost – der Preis der Mode

Der Film zeigt die Folgen der Billig-Mode-Industrie und verfolgt den Weg, den Kleidung zurücklegt, bevor sie zu uns ins Geschäft gelangt. Die ganze Ausbeutungskette wird dargestellt: wo Fast Fashion produziert wird, unter welchen Arbeitsbedingungen, was in den Ländern passiert, in denen riesige Wassermengen für die Baumwolle benötigt werden, während die Menschen Durst leiden. *The True Cost* von Regisseur Andrew Morgan dokumentiert die erschütternde Wahrheit: dass unsere Kleidung auf Kosten anderer entsteht.

Sharing

DIE BIBLIOTHEK
FÜR KLEIDER

Pola Fendel & Thekla Wilkening / 27 / 29
Gründerinnen und Inhaberinnen
Hamburg-Rothenburgsort

Die beiden Freundinnen Pola Fendel und Thekla Wilkening kennen sich seit ihrer Schulzeit in Köln. Gleich in der ersten gemeinsamen WG haben sie das System des offenen Kleiderschrankes gelebt. Jede durfte sich frei und unbegrenzt aus der Garderobe der anderen bedienen. Es wurde wild untereinander hin und her getauscht – schließlich strahlt das Lieblingskleidungsstück der Freundin immer einen ganz besonderen Reiz aus.

Ein paar Jahre später, mittlerweile in Hamburg, standen die beiden mal wieder vorm geplünderten Kleiderschrank zusammen und fragten sich: „Wie cool wäre es, wenn man Kleidung wie Bücher ausleihen könnte?!" Das war die Geburtsstunde der Kleiderei. Unter dem Motto „Stil hast du, Kleider leihst du" begann die Kleiderei 2012 mit einem kleinen Laden auf St. Pauli und später in der Schanze und hat von dort aus die Welt des Kleiderkonsums ein Stück weit revolutioniert. Der Fundus der Kleiderei nährt sich aus ehemaligen Lieblingsstücken und ausgesuchten Vintage-Teilen. Pola war schon immer ein „Flohmarktkind" und hat in Thekla die perfekte Partnerin gefunden: „Thekla ist ein richtiges

Trüffelschwein auf dem Flohmarkt. Nach nur zehn Minuten hat sie schon 20 coole Teile auf dem Arm." Die Kleiderei bekommt aber auch verstärkt Kleiderspenden von Menschen, die ihren Fehlkäufen und Schrankleichen einen neuen Sinn geben wollen. Es werden also keinerlei Ressourcen zur Neuproduktion verwendet. Mehr „Slow Fashion" geht wirklich nicht.

Um Kundinnen in ganz Deutschland erreichen zu können, haben Pola und Thekla das Geschäft inzwischen zum Online-Business umgebaut. Der Showroom in Hamburg-Rothenburgsort beherbergt mehr als 3.000 verschiedene Kleidungsstücke. In dem Kleiderpool finden sich Stücke für alle Anlässe und verschiedenste Geschmäcker. Pola und Thekla kooperieren auch mit lokalen Jungdesignern und nachhaltigen, fairen Labels, deren Arbeiten von den Kundinnen leihweise getragen werden können. Nachdem die Kundin einen Online-Fragebogen ausgefüllt hat, suchen die Stylisten der Kleiderei mit viel Liebe und Stilverständnis jeden Monat vier individuell passende Stücke aus, die die Kundinnen bequem per Paket nach Hause geschickt bekommen. Das kuratierte Kleider-Abo ist die perfekte Kleiderschrankerweiterung. Es lädt ein zum Ausprobieren, neu Kombinieren und zum Suchen und Finden des eigenen Stils. Das Abo macht Mut dazu, mit Mode zu spielen – ohne den schalen Nachgeschmack, etwas nur für das kurze Vergnügen oder zum Ausprobieren gekauft zu haben – eben genau die Nachteile, die das Spiel mit der schnellen Mode sonst mit sich bringt.

In Köln gibt es seit kurzem bereits ein erstes Franchise. Und das, so wünschen sich es Pola und Thekla, ist hoffentlich erst der Anfang. Es soll noch viele weitere Kleidereien geben: auch für Männer, für Kinder und für spezielle Anlässe wie zum Beispiel Outdoor-Aktivitäten oder Wintersport, also gerade Dinge, die man nur selten braucht, die aber oft teuer sind. In Zukunft soll dann wirklich jeder etwas dort finden und mitmachen können: denn Leihen ist das neue Kaufen.

Der Fundus der Kleiderei besteht aus über 3.000 verschiedenen Kleidungsstücken – hier gibt es für jeden Anlass und für jede Stimmung etwas Passendes.

Der never-ending Kleiderschrank im Abo:
Die Stylistinnen suchen mit viel Liebe und Stilverständnis jeden Monat bis zu vier individuell
passende Stücke aus, die die Kundinnen bequem
per Paket nach Hause geschickt bekommen.

„Ich habe kaum
noch eigene
Kleidung.
Wozu auch?"

SHARING
IS CARING

Laut dem *Time*-Magazin ist der geteilte Konsum eine der zehn großen Ideen, die die Welt verändern. Heutzutage kann man Kleider, Autos, Fahrräder, Werkzeuge, Wohnungen und vieles mehr teilen, tauschen oder leihen. Die Sharing-Ökonomie ist eine wachsende Bewegung, die schnelllebige Produkte zu Zirkulationsgütern werden lässt. Mittlerweile gibt es eigentlich kaum etwas, das sich nicht „sharen" lässt. Sogar Jeans gibt es zur Miete, und auch Jobs können geteilt werden:

MUD Jeans – Das Label steht für coole, vegane Jeans ohne Lederpatch. Im Online-Shop des Labels kann man die fair produzierten Jeans entweder kaufen – oder schon ab 7,50 Euro im Monat leihen. Nach einem Jahr darf man die Jeans entweder behalten, zurückgeben oder gegen eine neue eintauschen. Die zurückgegebenen, aufgetragenen Hosen werden – ganz im Sinne der Kreislaufwirtschaft – recycelt und zu neuer Kleidung verarbeitet. Das spart Abfall, Wasser und Ressourcen.

Tandemploy – bringt Menschen zusammen, die sich einen Job teilen möchten. Über die Jobsharing-Plattform können Menschen, die planen, in Teilzeit zu arbeiten, einen passenden Arbeitspartner finden. Zudem berät und unterstützt Tandemploy auch interessierte Unternehmen, die vorhaben, flexibles und effizientes Arbeiten zu ermöglichen. Denn wenn zwei qualifizierte Mitarbeiter sich eine volle Stelle teilen, dann profitiert der Arbeitgeber zum Beispiel auch durch reibungslose Vertretung im Urlaub oder Krankheitsfall.

Stadt, Land, Flow – Unter dem Motto „Hälfte Akten, Hälfte Acker" verbindet Stadtlandflow.org Betriebe, die Mithilfe suchen, mit Menschen, die sich in ihrem Arbeitsalltag eine Balance zwischen Kopfarbeit und Handwerk wünschen.

MINIMALISMUS

KÖRPER

Unser Körper ist unser Zuhause.
Wir brauchen gar nicht viel, um uns so richtig
fit und gesund zu fühlen. Gutes Essen aus
frischen Zutaten, ausreichend Schlaf, hochwertige Pflegeprodukte und Bewegung an der
frischen Luft – zack, schon fühlen wir uns
richtig gut. Das sollten wir uns zwischendurch
immer wieder klarmachen.

Körper

WISSEN, WAS GUT IST

Einfach essen

Wenn man einmal minimalistische Ideen in der eigenen Wohnung und im Kleiderschrank aus-probiert hat, überträgt man den Anspruch, das Leben zu vereinfachen, auch schnell aufs Kochen und auf Rezepte. Gekocht wird gerne mit wenig Zucker, Fett oder tierischen Produkten und statt-dessen mit frischen, unverarbeiteten, pflanzlichen Zutaten. Daher fällt die Wahl auch oft auf One-Pot-Gerichte. Sie gehen superschnell, da alle Zutaten in nur einem Topf gekocht werden – die Rezepte sind einfach und unkompliziert, und der eine Topf sorgt auch dafür, dass man nicht viel Kochgeschirr benötigt und auch der Abwasch im Handumdrehen erledigt ist. Egal ob Garten-Pasta, leichte Zucchini-nudeln oder Kürbis-Curry-Reis – die drei gesunden Gerichte (ab Seite 168) schmecken einfach absolut köstlich und lassen sich auch im Alltag mit nur we-nigen Handgriffen ganz schnell zaubern.

Alle Rezepte schmecken natürlich am besten, wenn sie mit Liebe und mit frischen Zutaten zubereitet werden. Glückliche haben einen eigenen Garten, in dem sie ernten gehen können. Aber auch in der Stadt lässt sich der Traum vom eigenen Beet rea-lisieren. Zum Beispiel mit einem Schrebergarten. Lina Grün (Seite 156) ist mit ihrer Familie unter die Laubenpieper gegangen und baut in ihrem Garten mitten in der Stadt frisches Gemüse an. Ihre Toch-ter lernt dabei ganz nebenbei, welches Obst und Gemüse gerade reif ist und Saison hat.

Denn im Supermarkt hat immer alles Saison. Die Illustratorin Pia Schulze hat daher einen wunder-schönen Saison-Kalender (Seite 162) entworfen, der uns durch das Jahr lotst. Jede Seite ist in einem anderen Stil illustriert und zeigt genau, was gerade geerntet werden kann.

Einfach pflegen

Alles, was unsere Haut berührt, wird ein Teil von uns. Deshalb sind Minimalisten auch bei der Auswahl von Make-up und Kosmetikprodukten sehr kritisch, was die Inhaltsstoffe angeht, und benutzen am liebsten Naturkosmetik und nachhaltige Produkte – garantiert ohne Mikroplastik. Die Make-up-Artistin Stella von Senger (Seite 144) setzt privat und auch im Job fast ausschließlich auf die Kraft der Natur und verrät uns im Interview ihre liebsten Produkte, auf die immer Verlass ist. Naturkosmetik ist toll, aber viele Minimalisten stellen ihre Produkte lieber gleich selber her. So behalten sie die maximale Kontrolle über die Inhaltsstoffe und reduzieren Müll und Verpackungen. Die tollen easy-peasy DIY-Rezepte für Deo, Zahnpulver, Peelings und Roggenmehlshampoo (ab Seite 155) lassen sich ganz leicht mit wenigen Zutaten herstellen und kommen garantiert ohne chemische Konservierungs- und Inhaltsstoffe daher.

Bei diesem Blick in die Kosmetikwelt kommt auch das Badezimmer nicht zu kurz. Am liebsten hätten wir es ökologisch, nachhaltig und verpackungsfrei. Die besten Tools und Tipps dazu gibt es ab Seite 136.

Einfach trainieren

Der Mensch hat sich nicht über Jahrtausende entwickelt, um nun den ganzen Tag auf einem Schreibtischstuhl zu sitzen und auf einen Bildschirm zu starren. Das viele Sitzen ist nicht gerade die natürlichste Körperhaltung, und Forscher sagen heute sogar, dass „Sitzen das neue Rauchen" ist. Dabei lässt sich Bewegung auch spielerisch und ohne Stress in den Alltag integrieren. Das fängt an mit Lichtschalter-Kung-Fu – also den Lichtschalter mit dem Fuß statt mit der Hand zu bedienen – und lässt sich beim unkomplizierten Work-out im Park weiterführen. Dafür brauchen wir keine teuren Geräte, Fitnesscenter oder noch teurere Outfits, sondern nur ein bisschen Motivation und Lust auf spielerische Bewegung (Seite 172).

Nach dem Training trinkt man am besten klares, kaltes Wasser – frisch aus der Leitung. Wasser ist das Getränk der Wahl unter Minimalisten (Seite 178).

WENIGER	MEHR
KAUFEN	SELBERMACHEN
MAKE-UP	LÄCHELN
ZUCKER	OBST
FERNSEHEN	LESEN
COLA	TEE
TRATSCHEN	TRÄUMEN
FAST FOOD	SLOW FOOD
COUCH	BEWEGUNG
DRINNEN	DRAUSSEN
REDEN	ZUHÖREN
PLANEN	MACHEN

MINIMALISMUS & KÖRPERPFLEGE

1 Haarseife, 2 Festes Deo, 3 Olivenöl-Seife

Gerade im Badezimmer häufen sich oft die Produkte – hier geht es manchmal nicht besonders minimalistisch zu. Denn die Industrie gaukelt uns vor, dass wir viele verschiedene Produkte benötigen, um uns wohl und gepflegt in unserer Haut zu fühlen.

Schlimm genug, dass herkömmliche Kosmetik und Pflegeprodukte leider oft in hässlichen, kreischenden Plastikverpackungen daherkommen – die Inhaltsstoffe zum Beispiel in Duschgel, Lidschatten, Zahnpasta und Creme sind manchmal noch hässlicher: Mikroplastik, Konservierungsstoffe und Chemikalien.

Mikroplastik – das sind winzige Kunststoffteilchen mit einer Größe sogar bis zu fünf Millimetern. Die Kosmetikindustrie verwendet es als Schleifpartikel, Bindemittel oder Füllstoff. Mikroplastik ist zu klein für unsere Kläranlagen und landet so in unseren Meeren. Je kleiner die Partikel sind, desto höher ist die Anzahl der Tiere, die es mit ihrer Nahrung aufnehmen. In Seehunden, Fischen und Mikroorganismen wurde bereits Mikroplastik nachgewiesen.

Die bekanntesten Konservierungsmittel in herkömmlicher Kosmetik sind Parabene. Sie stehen unter Verdacht, unser Hormonsystem negativ zu beeinflussen. Aber auch Chemikalien wie zum Beispiel Natriumlaurylsulfat, das in fast allen herkömmlichen Duschgels, Shampoos und Spülungen enthalten ist, kann Reizungen, Hautausschlag und Haarausfall verursachen.

Auch sonst geht es im Bad in der Regel nicht besonders gesund und nachhaltig zu. Schnell entstehen Berge von unnötigem Müll. Grund genug, das Bad einmal richtig unter die Lupe zu nehmen und zu prüfen, was bleiben darf, was besser gehen sollte und wie man es nachhaltiger organisieren kann. Schließlich gibt es so tolle Alternativen.

Feste Shampoo-Seifen

Auch Minimalisten wollen gepflegte und glänzende Haare. Aber bitte mit extrawenig Aufwand, Produkten und Umverpackungen. Da kommt feste Shampoo-Seife wie gerufen. Sie ist supersimpel und viel ergiebiger als flüssiges Shampoo in der Anwendung und reduziert jede Menge Müll im Bad. Die Haarseife einfach wie ein normales Stück Seife in den Händen aufschäumen und den Schaum sanft in die Kopfhaut einmassieren oder das Haarseifenstück direkt leicht über den Haaransatz reiben und den entstehenden Schaum einmassieren. Kurz einwirken lassen und ausspülen. Fertig. Es gibt verschiedene feste Shampoo-Seifen für unterschiedliche Haartypen und Pflegebedürfnisse. Das abgebildete feste Shampoo ist zum Beispiel das Orangenduft-Shampoo von Lamazuna für trockenes Haar. Gute vegane feste Shampoo-Seifen gibt es auch von savion und aus der organischen Haarpflege-Serie Your loving nature von Marion Garz.

Deo

Jeder schwitzt anders, und jeder bevorzugt eine andere Art von Deo. Manche schwören auf Deoroller, andere auf Cremedeos, und wieder andere werden vielleicht vom verpackungsarmen festen Deo begeistert sein. Alle Naturkosmetik-Deodorants haben eines gemeinsam: Sie verstopfen die Poren nicht. Das heißt, dass die körpereigene Funktion des Abkühlens durch Schweiß nicht, wie bei einigen Chemieprodukten, komplett unterbunden wird. Frischer Schweiß ist geruchsneutral, erst wenn Bakterien ihn zersetzen, kann Geruch entstehen. Hier setzen die folgenden Deos zuverlässig an.

Festes Deo – Das feste Deo von Lamazuna hat viele Vorteile: Das kegelförmige Deo kommt ganz nackt in einem schlichten Karton aus Papier und ist auch in der Anwendung sehr minimalistisch: Einfach befeuchten und sanft über die gewaschene Achselhöhle reiben. Es wirkt den ganzen Tag über zuverlässig. Der Duft ist angenehm dezent, daher ist es ein prima Unisex-Deo. Und auch auf Reisen im Handgepäck ist der kleine, trockene Deo-Kegel der perfekte Begleiter.

Fine – Das Deo kommt in einem kleinen Glasbehälter und wird mit dem kleinen Holzspatel oder dem sauberen Finger entnommen. Anwendung: Einfach eine erbsengroße Menge zwischen den Fingern erwärmen und unter den Achseln verteilen. Das Deo wird komplett in Deutschland produziert.

Schmidt's – gibt es in vielen verschiedenen Duftrichtungen, die Deocreme kommt auch im Glastiegel. Am besten riecht aber Bergamotte & Lime. Männer mögen den holzig-warmen Duft von Cedarwood & Juniper.

DIY-Deo – Auf Seite 148 gibt es das Rezept für ein tolles Limetten-Teebaum-Deo für den Deoroller zum Selbermachen. Es ist im Handumdrehen fertig, braucht nur wenige Zutaten und wirkt den ganzen Tag – versprochen!

Seife

Feste Seife ist der absolute Minimalismus-King im Bad. Mit dem Alleskönner geht fast alles: vom schlichten Händewaschen über das Einseifen und Einschäumen des Körpers anstelle von Duschgel bis hin zum Rasieren und Haarewaschen. Der feine, cremige Schaum lässt sich mit einem Rasierpinsel wunderbar für die Rasur verwenden und eignet sich in Kombination mit einer sauren Rinse mit Apfelessig sogar zum Haarewaschen. Ein Stück Seife ersetzt daher locker fünf Produkte und Verpackungen im Bad. Am besten ist feste Olivenöl-Seife in Bio-Qualität. Diese säubert sanft und rückfettend und macht sogar empfindliche Haut und Kinderhaut happy. Olivenöl reinigt und nährt die Haut, ohne sie zu reizen und auszutrocknen. Es unterstützt die selbstregulierende Funktion unserer Haut, da die einfach ungesättigten Fettsäuren im Olivenöl sich mit dem körpereigenen Hautschutzmantel verbinden.

 Tipp:

Naturkosmetik ist immer frei von Mikroplastik und Giftstoffen.

MINIMALISMUS & KÖRPERPFLEGE

1 Wattestäbchen mit Papierschaft, 2 Rasierhobel, 3 Menstruationscup,
4 Waschbare Abschminkpads, 5 Waschlappen

Wattestäbchen

Die kleinen Helfer sollten wir, wenn möglich, ganz aus dem Badezimmerschrank verbannen – zumindest wenn es um die Reinigung der Ohren geht. Hier eignet sich ein weiches Tuch weitaus besser, da wir mit dem Stäbchen ganz leicht unbeabsichtigt zu weit in den Gehörgang hineinbohren können. Wer auf Wattestäbchen nicht verzichten möchte, kann statt der herkömmlichen mit den Plastikstäbchen auf Modelle mit FSC-Papierstäbchen und Bio-Baumwolle im Karton setzen.

Rasierhobel

Der Hobel mit auswechselbarer Klinge revolutionierte einst die Nassrasur. Auch heute ist der Rasierhobel eine gute, müllreduzierende Alternative zum Rasierer aus Kunststoff. Die Klinge ragt nur wenige Millimeter aus dem Hobel heraus, sodass der Rasierer sehr sicher und auch für empfindliche Körperregionen geeignet ist. Der Hobel wird oben aufgeschraubt, um die Klinge zu reinigen und zu wechseln. Die langlebigen Stahlklingen gibt es zum Beispiel von der Marke Astra nur in Papier verpackt. Die Benutzung eines Rasierhobels spart im Vergleich zu herkömmlichen Rasierern viel Geld und Umverpackungen ein. Für Männer bietet sich auch ein Rasiermesser an. Das lässt sich immer wieder schärfen und hält so bei guter Pflege ein Leben lang. Rasierhobel und -messer gibt es zum Beispiel von der deutschen Traditionsfirma MÜHLE.

Menstruationscup

Bis zu 17.000 Tampons und Binden verwendet eine Frau durchschnittlich in ihrem Leben. Das erzeugt einen Müllberg von ca. 54 Milliarden Frauenartikeln weltweit und damit ein ökologisches und nicht nur ein gesundheitliches Problem. Ein Menstruationscup ersetzt Tampons und Binden und hat eine Lebensdauer von ungefähr zehn Jahren. Mehr dazu auf der Seite 142.

Wiederverwendbare Abschminkpads

Was ist denn bitte das Problem mit herkömmlichen Abschminkpads – die gibt es schließlich auch aus Bio-Baumwolle, werden einige sagen. Ja, stimmt, aber leider werden auch dann zur Herstellung von einem Kilogramm Baumwolle bis zu 21.000 Liter Wasser verbraucht – und das in Regionen, in denen sauberes Wasser knapp ist. Diese Baumwolle ist zu kostbar, um sie, statt zu einem Lieblings-T-Shirt, zu einem kleinen Pad zu verarbeiten, mit dem wir einmalig unser Gesicht reinigen. Zum Glück gibt es wiederverwendbare Abschminkpads. Die sind auch aus zertifizierter Bio-Baumwolle und können genauso verwendet werden wie „normale" Abschminkpads. Mit dem einzigen Unterschied, dass sie nach der Benutzung nicht im Müll landen, sondern in der Waschmaschine. Die benutzten, wiederverwendbaren Pads zum Waschen immer in einen Wäschesack geben und mit der Buntwäsche waschen. Sie verschwinden sonst gerne in der Waschmaschine. Gute, wiederverwendbare Pads gibt es zum Beispiel aus deutscher Produktion von der Firma Kulmine.

Waschlappen

Zur sanften Reinigung des Gesichts einfach ein wenig Öl oder das selbstgemachte Papaya-Peeling von Seite 154 auf die trockene Haut geben und sanft einmassieren. Danach alles vorsichtig, ohne zu viel zu rubbeln, mit einem nassen, warmen Waschlappen wieder abnehmen. Auf die noch feuchte Gesichtshaut zur Pflege ein paar Tropfen Öl geben. Die Behandlung sorgt im Handumdrehen für ein wenig Spa-Feeling im Badezimmer – und für strahlende Haut.

Öle

Die besten Kosmetikprodukte kommen oft aus unserer Küche. Denn Lebensmittel unterliegen viel strengeren Kontrollen und Auflagen als herkömmliche Kosmetik. Echte Allrounder sind zum Beispiel kaltgepresste Öle. Damit können wir unsere Haut und Haare pflegen, uns abschminken und eincremen. Für die minimalistische Körperpflege reichen wenige Tropfen guter, hochwertiger Öle aus, um die Haut seidig und zart zu pflegen. Besonders gut eignet sich zum Beispiel Sonnenblumenöl. Es wird lokal produziert, zieht schnell ein und besitzt einen hohen Vitamin-E-Gehalt. Es eignet sich auch perfekt zum Ölziehen. Mehr dazu auf Seite 140.

MINIMALISMUS & ZAHNPFLEGE

Was gibt es Sympathischeres als ein strahlendes Lächeln? Die folgenden Tipps und Tools sorgen für eine intakte Mundflora und für gesunde, strahlend weiße Zähne.

Ölziehen

Die perfekte Zahn- und Mundpflege-Routine beginnt gleich morgens nach dem Aufstehen mit dem Ölziehen. Dazu wird ein Löffel Öl in den Mund genommen und mindestens zehn, besser 20 Minuten kräftig zwischen den Zähnen „hindurchgezogen". Das Ganze lässt sich prima mit dem Duschen verbinden. Bakterien und Pilze gehen dabei aus den Schleimhäuten auf das Öl über. Deshalb ist es wichtig, das Öl nach dem Ölziehen auszuspucken. Danach den Mund mit Wasser ausspülen und wie gewohnt die Zähne putzen. Die Zähne fühlen sich nach dem Ölziehen nicht nur sauberer und glatter an, sie werden auch nachweislich weißer, da sich Verfärbungen von der Zahnoberfläche lösen. Besonders gut geeignet sind hochwertige Öle wie kaltgepresstes Sonnenblumen-, Oliven- oder Kokosnussöl. Von Hydrophil gibt es auch eine fertige Öl-Mischung mit Sesam-, Salbei-, Anis- und Kardamom-Öl in einer Glasflasche.

Zahnputztabs

Zugegeben, zuerst ist es etwas gewöhnungsbedürftig, auf den kleinen Tab zu beißen und ihn grob zu zerkauen, um dann wie gewohnt die Zähne zu putzen. Trotzdem hat diese Art des Zähneputzens viele Vorteile: In herkömmlichen Zahnpasten sind neben Tensiden, damit es schäumt, auch Konservierungsmittel, Emulgatoren und Stabilisatoren

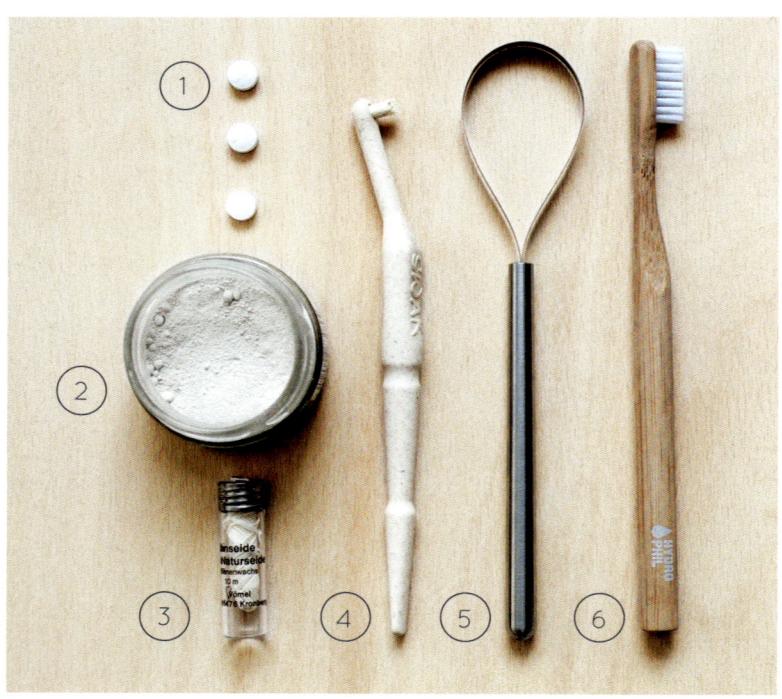

1 Zahnputztabs
2 Zahnkreide
3 Zahnseide
4 SWAK
5 Zungenreiniger
6 Bambuszahnbürste

enthalten. Die Zahnputztabs gibt es ohne diese umstrittenen Zusätze und unverpackt nach Gewicht zu kaufen. Die kleinen Tabs sind auch zum Reisen ideal, da die benötigte Menge vorher genau abgezählt werden kann. Sie hinterlassen einen leicht minzigen, frischen Geschmack und sorgen für saubere, glatte Zähne.

Zahnkreide

In dem natürlichen Zahnpulver sind keine chemischen Zusätze wie Fluoride oder Schäumungsmittel enthalten. Die Mischung besteht aus Calciumcarbonat, Xylit und Kräutern. Das Pulver reinigt die Zähne schonend und sorgt für ein basisches Milieu im Mundraum. So wird das Wachstum von Karies- und Parodontal-Bakterien nachhaltig gehemmt. Zum Zähneputzen einfach ein wenig Pulver auf die Zahnbürste geben und wie gewohnt loslegen. Zahnkreide gibt es zum Beispiel von der Firma Birkengold. Sie lässt sich aber auch ganz einfach mit wenigen Zutaten selbst herstellen. Rezept auf Seite 150.

Zahnseide

Zahnseide reinigt die Zahnzwischenräume und kommt damit an Stellen, die die Zahnbürste nicht erreichen kann. Deshalb sollte die tägliche Benutzung von Zahnseide ein fester Baustein in der Zahnpflegeroutine sein. Gute Zahnseide ist oft aus Nylon und überzeugt mit aufquellenden Fasern, aber ist leider nicht biologisch abbaubar. Eine Alternative ist die nicht vegane, aber kompostierbare Zahnseide aus gewachster Naturseide. Diese gibt es im Unverpackt-Laden auch zum Nachfüllen für den kleinen, dazugehörigen Glasflakon. Der Faden wird oben aus dem Flakon geführt und kann dort an der Abreiß-Vorrichtung auf die gewünschte Länge geschnitten werden. Alternativ wird ein reißfester, mit Kokosöl eingeriebener Baumwollfaden im Handumdrehen zu Zahnseide.

SWAK

Seit vielen Jahrtausenden werden bei Naturvölkern traditionell Miswak-Zweige zur Zahnpflege verwendet. Die Zweige enthalten zahlreiche wertvolle Wirkstoffe wie zum Beispiel natürliche Fluoride, die zahnschmelzhärtend wirken, sowie Kalium und Calcium zur Remineralisierung. Die SWAK verbindet das traditionelle Zahnputzholz nun mit einem ergonomisch geformten Griff, wie wir ihn von unserer normalen Zahnbürste kennen. Der Griff kann dabei immer wiederverwendet werden, nur der Miswak-Kopf wird gewechselt. Der kleine, antibakterielle Kopf erreicht jeden einzelnen Zahn punktgenau und befreit die Zähne schonend und gründlich von Belag. Putzschäden, wie sie bei zu viel Druck mit harten Plastikborsten schnell entstehen können, bleiben aus. Die kurzen, sanften Borsten der SWAK passen sich der Zahnkontur an und drücken sogar ein wenig unter den Zahnfleischsaum, was die Reinigung besonders gründlich macht. Die SWAK kann komplett ohne Wasser und Zahnpasta angewendet werden.

Es wird auch nicht in kreisenden Bewegungen geputzt, sondern vielmehr an jedem Zahn einzeln entlanggefahren. Die Reinigung dauert daher ein wenig länger, aber dafür wird man mit herrlich glatten Zähnen belohnt.

Zungenreiniger

Unsere Zungenoberfläche ist mit zahlreichen sogenannten Papillen besetzt, zwischen denen sich Bakterien ansiedeln können. Ungefähr 60 Prozent aller Bakterien im Mund befinden sich auf unserer Zunge. Deshalb gehört die Reinigung der Zunge zur Mundhygiene wie das Zähneputzen selbst. Ein Zungenreiniger aus Edelstahl erledigt den Job schnell und zuverlässig. Zum Beispiel dieses Modell, über Monomeer, das mit einer Hand zu bedienen ist.

Bambuszahnbürste

Das Zähneputzen ist ein besonderer Moment am Tag. Mit der Zahnbürste im Mund beginnen und beenden wir meist unseren Tag. Deshalb ist es schön, wenn wir auch hier auf eine umweltfreundliche Alternative setzen können. Bei Bambuszahnbürsten besteht der Griff aus besonders schnell nachwachsendem Bambus. Die Borsten sind aus BPA-freiem Nylon und reinigen die Zähne gründlich und schonend. Wenn die Zahnbürste nach drei Monaten gewechselt werden sollte, wird der Borstenkopf abgebrochen, und der Griff landet auf dem Kompost. Die Bambuszahnbürste von Hydrophil gibt es in verschiedenen Farben, damit auch Haushalte mit mehreren Bewohnern den Überblick behalten. Außerdem gibt es für Reisen ein praktisches Etui, das ebenfalls aus Bambus hergestellt ist.

MINIMALISMUS & MENSTRUATION

Ein Menstruationscup
spart viel Geld und
Ressourcen.

Menstruationscup

Bis zu 17.000 Tampons und Binden verbraucht eine Frau durchschnittlich in ihrem Leben. Das kostet viel Geld und Ressourcen und verursacht eine Menge Müll. Tampons sind entweder aus Baumwolle oder aus Zellulose und oft mit chemischen Stoffen versehen. Sie trocknen die Scheidenschleimhäute aus und begünstigen so Infektionen und Pilzerkrankungen. Das Tragen von Tampons kann TSS, das Toxische Schocksyndrom, auslösen, eine Infektionskrankheit, die im schlimmsten Fall tödlich verlaufen kann.

Die bessere Alternative sind Menstruationscups. Im Gegensatz zu der Benutzung von Tampons und Binden wird das Blut im Cup nicht aufgesaugt, sondern aufgefangen. Der Cup wird aus medizinischem Silicon hergestellt und kann bis zu zehn Jahre lang verwendet werden. Zur Benutzung wird der Cup gefaltet und wie ein Tampon eingeführt. Er „ploppt" dann auf und fängt das Blut bei richtiger Anwendung zuverlässig auf. Der Cup kann anders als ein Tampon zwölf Stunden im Körper bleiben. Es besteht hierbei auch keine Gefahr des TSS. Vor und nach der Periode wird der Cup ausgekocht. Es gibt die Cups in verschiedenen Größen und Farben. Für Einsteigerinnen eignen sich Modelle mit

einem kleinen Ring oder Knauf am unteren Ende des Cups. Dies erleichtert das Entfernen. Dafür den Cup mit zwei Fingern fassen und zusammendrücken, dann lässt der Unterdruck nach, und der Cup kann herausgenommen werden. Einfach in die Toilette ausleeren, ausspülen und wieder einsetzen. Mit dem Cup gehört auch das lästige Bändchen der Vergangenheit an.

📱 App-Tipp:

Die App *Clue* ist ein übersichtlich und clean gestalteter Menstruationskalender, der Frauen dabei hilft, den Menstruationszyklus besser kennenzulernen und die Abläufe im Körper besser zu verstehen.

Slipeinlagen und Binden

Es gibt wiederverwendbare Binden und Slipeinlagen in allen Farben und Formen, von Tanga bis Hipster. Die Binden und Einlagen werden nach der Benutzung ausgekocht, das ist hygienisch und sorgt durch das Wiederverwenden für eine lange Lebensdauer. Im Gegensatz zu herkömmlichen Binden, die oft zu großen Teilen aus Plastik bestehen, lassen Stoffbinden die Haut atmen. Zum Beispiel in Deutschland produziert von der Firma Kulmine.

MINIMALISMUS & VERHÜTUNG

Als in den 1960er Jahren in Deutschland die Antibabypille auf den Markt kam, wurde sie als Symbol für die sexuelle Freiheit gefeiert. Mittlerweile ist die Party vorbei. Sexuell übertragbare Krankheiten und Nebenwirkungen wie Stimmungs- und Gewichtsschwankungen, erhöhte Thrombose-Gefahr und eventuelle Langzeitfolgen machen deutlich, dass es Zeit wird, nach Alternativen zu suchen. Dazu kommt, dass viele Frauen ihren Körper nicht mehr permanent mit Hormonen in den Zustand einer Scheinschwangerschaft versetzen möchten, sondern sich Selbstbestimmung und Kontrolle über ihren Körper und ihre Sexualität wünschen.

Eine zuverlässige Verhütungsmethode, die vollkommen ohne Hormone auskommt, ist die symptothermale Methode NFP. Die Abkürzung steht für „Natürliche Familienplanung". Der Name ist ein wenig irreführend, denn die Technik kann natürlich genauso gut und sicher zur Verhütung angewendet werden. NFP hat einen Pearl-Index von 0,4 und gehört damit zu den sehr sicheren Verhütungsmethoden. Der Pearl-Index sagt aus, wie sicher eine Verhütungsmethode ist. Er misst die Versagerquote, also wie viele von 100 Frauen im statistischen Mittel schwanger werden. NFP funktioniert über eine möglichst genaue Beobachtung des Zyklus. Dazu wird die Basaltemperatur gemessen, also die Ruhetemperatur direkt nach dem Aufwachen, und die Konsistenz des Zervixschleims beobachtet. Mit Hilfe der Kombination dieser Daten kann bei korrekter Anwendung der Methode der Eisprung und damit die fruchtbaren und unfruchtbaren Tage zuverlässig vorausgesagt werden.

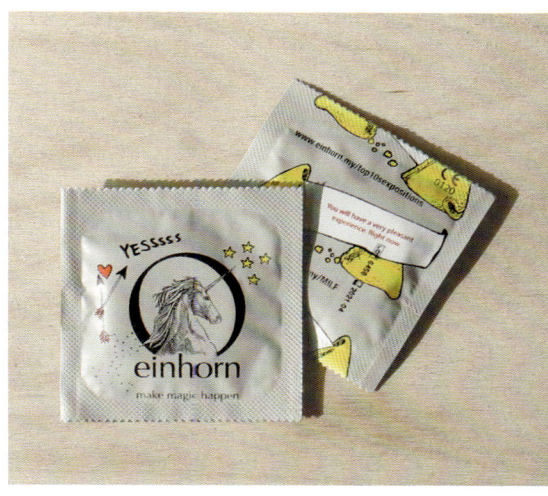

Einhorn-Kondome werden fair und umweltfreundlich zu 100 Prozent aus Natur-Kautschuk hergestellt.

Kondome sollen in erster Linie eins sein: sicher und gefühlsecht. Aber es ist schön, wenn Kondome auch noch mehr können. Zum Beispiel in einer schönen Verpackung daherkommen und vegan, fair und nachhaltig produziert sein. Wie die Kondome von Einhorn, die werden umweltfreundlich zu 100 Prozent aus Natur-Kautschuk und vegan hergestellt. Normalerweise wird bei der Herstellung von Kondomen nämlich Kasein, ein Protein, das in Kuhmilch vorkommt, verwendet. Außerdem fließen bei Einhorn 50 Prozent der Gewinne in soziale Projekte, zum Beispiel im Kautschuk-Anbau in Malaysia und in Aufklärungsprojekte mit Jugendlichen.

🌐 **Netztipp:**

Auf mynfp.de gibt es mehr Informationen zu der NFP-Methode sowie die Möglichkeit, online Zykluskurven anzulegen, auszuwerten und zu speichern.

📱 **App-Tipp:**

OvuView ist eine Menstruations- und Verhütungs-App, die bei der Anwendung und Auswertung der symptothermalen Methode hilft.

Interview

NATÜRLICH SCHÖN!

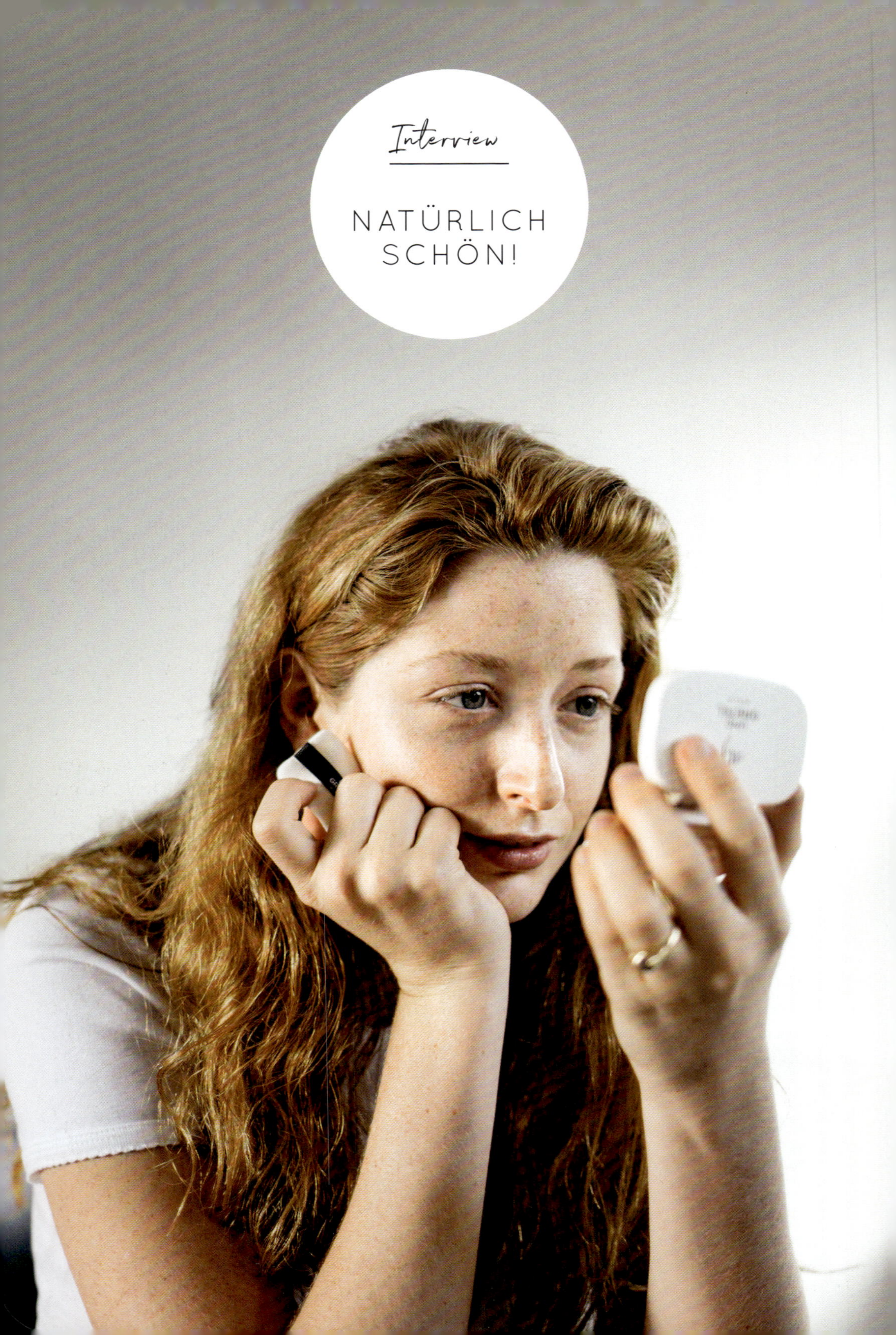

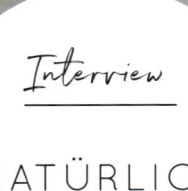

Stella hat in München Maskenbild studiert und nach Stationen in Paris und New York einen Master in Special Effects SFX in Los Angeles absolviert. Sie weiß also genau, wie man jemanden schminkt, der aussehen soll wie vom Auto überfahren. Und natürlich weiß Stella auch genau, was zu tun ist, wenn jemand – zum Beispiel nach einer zu kurzen Nacht – wie vom Auto überfahren aussieht, aber strahlend frisch und ausgeruht aussehen möchte. Die Kunst liegt dabei darin, genau die richtige Menge der richtigen Produkte zu verwenden. Gerade beim Schminken gilt nämlich: Weniger ist mehr. Sonst sieht es schnell unnatürlich und angemalt aus. Stella benutzt privat ausschließlich Naturkosmetik, und auch bei ihren Jobs für Magazine, Marken und das Fernsehen setzt sie vermehrt auf die Kraft der Pflanzen.

Stella benutzt privat und bei ihrer Arbeit als Hair & Make-up Artist am liebsten Naturkosmetik.

Was ist das Geheimnis schöner Haut?
Man sollte die Haut immer als Ganzes betrachten. Alles, was auf die Haut kommt, geht auch in unseren Körper. Es fängt bei der Ernährung an, über Shampoos, Cremes bis hin zum Make-up. Deshalb kommt auf meine Haut nur noch Bio-Kosmetik.

Wie viel Pflege braucht die Haut?
Hier gilt das kluge Sprichwort: Weniger ist mehr!

Wie sieht deine Morgenroutine aus?
Ich wasche mein Gesicht mit der Calendula Binu Soap mit Hilfe des Conjac Sponge. Danach sprühe ich mich mit dem Rose Blossom Hydrating Mist Toner von Mukti ein. Ich wechsle immer zwischen dem Gesichtsfluid Linie F und dem Gesichtsöl Linie F von Susanne Kaufmann hin und her. Für ein ebenmäßiges Hautbild verwende ich die Foundation von Inika und den Concealer von alverde oder TUNKAL von UND GRETEL. Ansonsten kämme ich noch meine Augenbrauen mit Gel von alverde. Das Rouge nehme ich oft auch von Inika, es kommt in einer genialen To-go-Packung, superpraktisch für unterwegs oder wenn es schnell gehen muss – also eigentlich immer. Man braucht keinen extra Pinsel, und ein Spiegel ist auch dabei. Toll finde ich auch die Cremerouges von Kjaer Weis, die kommen in einer wunderschönen Schatulle, die sich immer

wieder nachfüllen lässt, und sie lassen sich ganz einfach mit den Fingern auftragen.

Wie pflegst du deine tollen Haare?
Ich wasche sie mit den John-Masters-Organics-Produkten, Evening Primrose Shampoo und Lavender & Avocado Intense Conditioner. Ins trockene Haar gebe ich dann die Rose & Apricot Hair Milk und gegen meine Babyhaare und für mehr Glanz Shine On Leave-In Hair Treatment. Beruflich benutze ich auch das Haarspray und Salzspray von John Masters Organics.

Welche Naturkosmetik-Produkte sind deine absoluten Favoriten?
Das Fine-Deodorant, die Binu-Seife, feste Seife von STOP THE WATER WHILE USING ME!, ALLE! Produkte von John Masters Organics, der LUK von UND GRETEL, ILGE von UND GRETEL als Puder für meine Jobs, das Aromatic Water von A.S. Apothecary, das Beauty Steam: Marigold Glow, La Balmba Rosa von R.L. Linden & Co, Susanne Kaufmann Öl Linie F – es gibt so viele tolle Produkte.

Stella von Senger und Etterlin / 25
Hair & Make-up Artist
Berlin-Schöneberg

1 Lidschatten – UND GRETEL
2 Deodorant – FINE
3 Mineral Eyeshadow – Inika
  (zum Beispiel über Savue Beauty)
4 Augenbrauenstift – Inika
5 Highlighter – RMS Beauty
  (zum Beispiel über Amazingy.com)
6 Concealer – alverde
7 Mineral Rouge – Inika
8 Lippenstifte – UND GRETEL
9 Concealer – UND GRETEL
10 Pinsel – JACKS Beauty Line
Gute Idee: Bei den großen Fashion Shows kam es backstage unter den Make-up-Artisten immer wieder zu Verwirrungen, wem die fast identisch aussehenden schwarzen Pinsel gehören. Das war 2011 für die Make-up-Artistin Miriam Jacks der Ausgangspunkt dafür, ihre eigene, in Deutschland produzierte Pinsellinie auf den Markt zu bringen. Jeder der wunderschönen, bunten Pinsel der 17-teiligen Serie entsteht in liebevoller Handarbeit und ist ein echtes Unikat.
11 Kajal- und Cremelidschattenstift – UND GRETEL
12 Lidschatten – UND GRETEL

Warum bist du so ein großer Naturkosmetik-Fan?

Weil ich an die Kraft der Natur glaube. Genauso wie ich versuche, Schulmedizin zu vermeiden und so gut wie immer auf Homöopathie zu vertrauen, bin ich auch überzeugt vom Nutzen der Naturkosmetik für meine Haut.

Kann Naturkosmetik mit konventionellen Produkten mithalten?

Definitiv! Allein den Geruch vieler konventioneller Produkte kann ich nicht mehr ertragen. Für mich ist Naturkosmetik das Rundum-Wohlfühlpaket.

Jeder möchte gerne immer frisch und wach aussehen. Was empfiehlst du dafür?

Die Magicstripes Eye Patches oder das Gel eye+ von SkinOwl. Außerdem eine riesengroße Kanne grünen Tee, zum Beispiel von R.L. Linden & Co, Rites of Spring Greene.

Welche Produkte hast du immer in der Handtasche dabei?

Den Lip Balm von R.L. Linden & Co, den Concealer von alverde, das Rouge von Inika und das alverde-Augenbrauengel.

Privat setzt du ja ausschließlich auf Naturkosmetik. Wie ist das im Job?

Auch im Job versuche ich gerade, so gut es geht, alles durch Naturkosmetik zu ersetzen. Ich probiere noch alle möglichen Produkte aus. Es gibt einige konventionelle Produkte, an denen ich beruflich noch sehr hänge, wie einige Chanel-Lippenstifte oder Highlighter und Foundation von Tom Ford. Ich bin aber sehr offen, mich sogar beruflich komplett auf Naturkosmetik einzulassen.

Welche Naturkosmetik-Produkte verwendest du gerne im Job? Warum und wofür?

Oh, also hier schwöre ich auf: Haarspray, Foam und Salzspray von John Masters Organics. Und auf Highlighter und Rouge von RMS Beauty.

Und zu guter Letzt: Was empfiehlst du fürs Abschminken?

Den Make-up-Entferner von R.L. Linden & Co oder Kokosnussöl – das ist sowieso mein absoluter Alleskönner. Einfach Baumwoll-Abschminkpads in einem Glas stapeln und flüssiges Kokosnussöl drübergießen. Die getränkten Abschminkpads für den abendlichen Einsatz im Kühlschrank aufbewahren.

1 Concealer – UND GRETEL
2 Transparentes Augenbrauen-
  und Wimperngel – alverde
3 Deodorant – FINE
4 Mineral Rouge – Inika (zum
  Beispiel über Savue Beauty)
5 Lippenpflege – La Balmba Rosa,
  R.L. Linden & Co
6 Parfümöl – #5, R.L. Linden & Co
7 Arganöl – Kahina Beauty (zum
  Beispiel über Amazingy.com)
8 Gesichtswasser – Rose Blossom
  Hydrating Mist Toner, Mukti
9 Make-up-Entferner – Your Eyes
  Only, R.L. Linden & Co
10 Körperbutter – Body Butter #6,
   A.S. Apothecary
11 Pflegebalsam für trockene Haut –
   First Aid Kit #15, A.S. Apothecary
12 Haarpflege-Gel – Shine On,
   John Masters Organics

📱 App-Tipp:

Im Laufe des Lebens isst eine Frau durchschnittlich sechs ganze Lippenstifte. Stella
setzt deshalb zum Beispiel auf Naturkosmetik,
die aus hochwertigen, biologischen Stoffen besteht und auf Chemikalien verzichtet. Folgende Apps helfen beim Einkaufen, den Überblick
darüber zu behalten, welche Produkte gut für
uns sind und welche wir besser meiden sollten.

Codecheck – Wissen, was wirklich drin ist. Das
ist der Leitsatz von *Codecheck*. Einfach den
Barcode scannen, und die App zeigt sofort mit
Hilfe eines übersichtlichen Diagramms an, ob
das Produkt bedenkliche Inhaltsstoffe enthält.

Toxfox – Die App umfasst 60.000 kosmetische
Artikel und überprüft diese auf 16 bedenkliche
Chemikalien, die leider häufig in Kosmetika
und Körperpflegeprodukten verwendet werden und zu hormonellen Störungen führen
können.

Animals' Liberty – Wer macht was – zeigt,
welche Hersteller wirklich hinter den Produkten stehen und ob jene Tierversuche durchfüh-
ren oder im Zusammenhang mit Tierquälerei
stehen.

LIMETTEN-TEEBAUM-DEO

Manche Minimalisten scheuen sich davor, Produkte selber herzustellen und DIYs auszuprobieren, weil sie denken, dass sie zwei linke Hände haben, und manchmal auch, weil sie befürchten, dass man dafür viele Dinge, Gerätschaften und ganz spezielle Zutaten braucht. Die in diesem Buch vorgestellten „easy-peasy" DIYs kann jeder ganz leicht und mit wenigen Handgriffen hinbekommen. Die Rezepte für Peelings, Deo und Co lassen sich mit wenigen Zutaten ganz einfach selber herstellen – oft mit essbaren Zutaten aus der Küche. Das spart nicht nur Umverpackungen und Kosten, sondern auch die fragwürdigen, bedenklichen Inhaltsstoffe aus konventionellen Produkten.

Morgens im Bad muss es schnell gehen – da sind Deoroller oft die erste Wahl. Sprühdeos neigen zum Tropfen, und Deocreme cremt erst mal auch die Finger mit ein. Die Roller sind superpraktisch in der Anwendung: kein Tropfen, kein Kleckern. Der Klassiker aus der Drogerie kommt aber oft mit Aluminium und auf jeden Fall in der Einwegverpackung.

Dieses Deo-Rezept ist mit wenigen Zutaten im Nu umgesetzt. Das Natron im Deo neutralisiert zuverlässig Gerüche, und das Teebaumöl hilft wirksam gegen Bakterien.
Fazit: Ein Deo für Faule, die nicht gerne ins Schwitzen kommen.

Zutaten

1–2 TL Maisstärke

Wasser (ein wenig mehr, als in den Deoroller passt)

1–2 TL Natron

2 Tropfen Teebaumöl

2 Tropfen Limettenöl (oder ein anderes Öl nach Geschmack)

leerer Deoroller aus Glas (gibt es in der Apotheke mit Schraubverschluss zum Nachfüllen)

So einfach geht's

Die Maisstärke mit einem Schneebesen im Wasser auflösen und kurz aufkochen. Darauf achten, dass keine Klümpchen entstehen, da der Roller sonst verstopfen könnte. Die nun angedickte Masse abkühlen lassen, im Anschluss das Natron und die Duftöle hinzugeben, unterrühren und in den ausgekochten Deoroller füllen.

Do it yourself

ZAHNPUTZPULVER

Zahnpulver ist eine tolle Alternative zu herkömmlicher Zahnpasta, da diese oft chemische Desinfektions- und Konservierungsmittel enthält. Dieses Zahnputzpulver ist im Handumdrehen fertig, sehr ergiebig und sorgt für ein gesundes Strahlelächeln. In diesem Rezept übernimmt das Calciumcarbonat mit seinen feinen Salzpartikeln den reinigenden Part, während das nicht-kariogene Xylit vor Karies schützt und für einen angenehmen Geschmack sorgt. Die desinfizierende Kamille beruhigt das Zahnfleisch und wirkt möglichen Entzündungen im Mundraum entgegen. Salbei ist ebenfalls desinfizierend, kann die Zähne sogar weißer machen, und die antibakteriell wirkende Pfefferminze garantiert das ultimative Frischgeputzt-Gefühl. Die Anwendung ist supereasy: Einfach ein wenig Pulver auf die angefeuchtete Zahnbürste geben und wie gewohnt losputzen.

Zutaten

20 g getrocknete Kamille
20 g getrockneter Salbei
20 g getrocknete Pfefferminze
80 g Xylit
100 g Calciumcarbonat

TIPP:
Als Geschenkidee die einzelnen Pulver in Schichten in ein schönes Glas mit Kork-Stopfen geben.

So einfach geht's

Die getrockneten Kräuter in einer Mühle fein mahlen, mit dem Xylit und dem Calciumcarbonat vermengen und alles zusammen in einen Glasbehälter geben – fertig!

WENN DAS LEBEN DIR ZITRONEN GIBT –
MACH PEELING DRAUS!

Aber auch sonst ist das Zitronen-Salz-Peeling perfekt für das minimalistische Badezimmer. Es riecht nach Sommer, Sonne und Urlaub in Südfrankreich. Die feinen Salzkörnchen befreien die Haut sanft von abgestorbenen Hautzellen und Schüppchen. Die Haut wird sofort weich und geschmeidig. Die Zitrone regt zudem die Durchblutung und den Lymphfluss an. Zusammen mit dem enthaltenen Salz ist das Zitronen-Peeling ideal zur Bekämpfung von Cellulite. Und das Beste ist: Das Eincremen nach dem Duschen können wir uns sparen – den Job übernimmt das Olivenöl.

KÖRPERPEELING „ZITRONE"

Zutaten

2 Tassen Salz (am besten Steinsalz, in Meersalz wurde leider auch schon Mikroplastik entdeckt)

1 Tasse Olivenöl

1 Zitrone (Abrieb und Saft der halben Zitrone)

1 Handvoll frische Minze (fein geschnitten)

4 Tropfen ätherisches Zitronenöl

4 Tropfen ätherisches Zypressenöl

So einfach geht's

In einer Schüssel das Salz mit dem Öl vermischen. Danach den Zitronensaft, den Abrieb der Zitronenschale, die Minze und die ätherischen Öle dazugeben und alles vermengen. Voilà.

In der Dusche das Peeling in die Haut einmassieren, fünf Minuten einwirken lassen, kräftig abrubbeln und abspülen. Hallo Strahlehaut!

 Tipp:

Das Peeling lässt sich statt mit Salz auch prima mit Zucker zubereiten.

WEITERE PEELINGS AUS DER KÜCHE

KÖRPERPEELING „KAFFEE-KOKOS"

Zutaten

Kaffeesatz
2 Löffel Kokosnussöl

So einfach geht's

Den Kaffeesatz aus der French Press vom Frühstück mit zwei Löffeln Kokosnussöl vermengen
und in kreisenden Bewegungen auf den Körper
auftragen, kurz einwirken lassen und mit lau-
warmem Wasser abbrausen.

Das im Kaffee enthaltene Koffein regt die Durchblutung an und entwässert. Das Kokosöl pflegt
die Haut und macht sie superzart.

GESICHTSPEELING „PAPAYA-PORRIDGE"

Zutaten

1 Banane
½ Papaya
1 Handvoll Haferflocken

So einfach geht's

Mit Hilfe einer Gabel eine reife Banane mit
dem Fruchtfleisch einer halben Papaya vermengen. Eine Handvoll Haferflocken dazugeben und alles zu einer glatten Masse verrühren. Auf das Gesicht auftragen, zehn Minuten
entspannen und wieder abwaschen.

ROGGENMEHL-SHAMPOO

No Poo – Haarewaschen ohne Shampoo

„No Poo" steht für „No Shampoo" – Anhänger dieser Methode verwenden zur Haarwäsche kein herkömmliches Shampoo. Manche nehmen das Motto wörtlich und waschen sich die Haare nur noch mit Wasser. Andere setzen statt eines herkömmlichen, flüssigen Shampoos aus der Plastikflasche auf Roggenmehl, Lavaerde, Natron, Zimt oder auf Olivenöl- oder Haarseifen. Aber wieso eigentlich? No Poo hat viele Vorteile im Vergleich zu oft aggressiven Shampoos, es entlastet und reguliert die Kopfhaut, die verwendeten Stoffe sind biologisch abbaubar, es spart Kosten und Umverpackungen. Viele No-Poo-Anhänger berichten, dass sich die Zeit zwischen den Haarwäschen verlängert, weil die Kopfhaut nicht mehr so schnell nachfettet.

Besonders die Haarwäsche mit Roggenmehl funktioniert für viele nach einer Umgewöhnungsphase sehr gut und sorgt für eine entspannte Kopfhaut und gesund-glänzendes Haar. Denn Roggen-Vollkornmehl ist besonders reich an Mineralien, Aminosäuren und Vitaminen. Aus Roggenmehl und Wasser lässt sich eine gelartige Mischung anrühren, die ähnlich wie Shampoo verwendet werden kann. Eine saure Rinse im Anschluss schließt die obere Schuppenschicht der Haare und sorgt für glatte, glänzende Haare.

DIY-ROGGENMEHL-SHAMPOO

Zutaten

1–4 EL Roggenmehl (gesiebt)

etwas Wasser

kleine Schüssel

Schneebesen

So einfach geht's

Shampoo – Das Roggenmehl in die kleine Schüssel geben und mit etwas Wasser mit dem Schneebesen zu einer glatten Masse mit gelartiger Konsistenz verrühren. So lange rühren, bis keine Klümpchen mehr vorhanden sind. Das Roggenmehl-Shampoo auf den nassen Haaren verteilen und wie Shampoo einmassieren, kurz einwirken lassen und gründlich ausspülen.

Spülung – Nach der Haarwäsche eine saure Rinse mit Apfelessig oder Zitronensaft über die nassen Haare geben. Dazu 2 EL Apfelessig oder Zitronensaft mit 500 ml kaltem Wasser vermischen und langsam über die Haare gießen. Entweder nach 2 Minuten ausspülen oder im Haar lassen – der Essiggeruch verfliegt, sobald die Haare trocken sind.

Pflege – Ein paar Tropfen Öl in die Längen und Spitzen der noch nassen Haare geben. Zum Beispiel Arganöl.

GROSSES GARTEN-GLÜCK

Lina & Golda Grün / 40 / 3
Fotografin & Dozentin
Berlin-Neukölln

Lina baut mit ihrer Familie in
ihrem Garten Tomaten, Salat,
Kürbisse, Mangold, Spinat,
Gurken und Topinambur an.

„„ m Bio-Laden hing so ein unscheinbarer Zettel", beginnt Lina auf die Frage, wie sie vor vier Jahren eher zufällig an ihren wunderschönen, wilden Garten gekommen sei, zu erzählen. Ein älteres Paar hatte damals per Aushang einen Nachmieter für den Schrebergarten gesucht. Zuerst hatte Lina Zweifel, „dass es total spießig ist und man mindestens drei Gartenzwerge aufstellen muss" – zum Glück hat sich diese Sorge schnell in Luft aufgelöst. In der Kolonie „Neuköllner Berg" im Süden von Berlin reihen sich großzügige, wilde Gärten aneinander, man kennt sich hier und hilft

sich auch mal, aber größtenteils „macht jeder einfach sein Ding", erzählt Lina. In ihrem Garten hat sie mit ihrer Familie und ihren Freunden Hochbeete angelegt und pflanzt dort Salat, Tomaten, Kürbisse, Mangold, Spinat, Gurken und Topinambur an. „Ich finde es wichtig, dass Golda, wenn ich sie bitte, eine Tomate für den Salat zu pflücken, nicht mit einem Apfel zurückkommt." Ein natürlicher Umgang mit der Natur und Lebensmitteln war für die Patchwork-Familie aus Kreuzberg einer der Gründe dafür, mit dem Schrebergärtnern zu beginnen.

Im Garten gibt es die ganze Saison
über viel zu pflücken und zu naschen.

Auf die Beete kommt nur Natur: Gegossen wird ausschließlich mit dem Wasser aus der Regentonne, gedüngt wird mit Humus vom Komposthaufen und Schachtelhalmextrakt oder selbstangesetzter Pflanzenjauche. Kunstdünger und chemische Schädlingsbekämpfungsmittel sind tabu.
Im Garten gibt es zahlreiche Bäume und Sträucher und fast immer was zum Pflücken und Naschen: Aprikosen, Süß- und Sauerkirschen, Äpfel, Pflaumen, Brombeeren und Himbeeren. Jedes Jahr im Sommer kocht Lina im Garten auf dem Campingkocher einen Vorrat an leckerer Marmelade ein. „Die Gläser sterilisiere ich vorher in heißem Wasser, dann ist die Marmelade lange haltbar – also theoretisch", fügt sie mit einem Augenzwinkern hinzu.

Der Schrebergarten ist herrlich verwunschen und hat viele schöne Plätze – ganz weit vorne rangiert natürlich die Hängematte.

ℹ Die Gärten der Stadt

Lina und ihre Familie haben sich mit ihrem Schrebergarten den Traum vom eigenen Garten in der Stadt verwirklicht. Hier wird gespielt, gelacht und geträumt. Lina nutzt den Garten manchmal auch als zauberhafte Kulisse, um dort Familien und Kinder für ihr Projekt *peekaboo* zu fotografieren. Die Hauptrolle spielt im Garten jedoch das Gärtnern selbst.

In Deutschland gibt es mehr als eine Million Kleingärten. Die Schrebergärten, Parzellen und Lauben befinden sich oft verstärkt in den Städten, da dort aufgrund von Platzmangel Gartenland fehlt. Interessierte können sich beim Kleingarten-Verein in ihrer Nähe erkundigen und bewerben. Gärten kosten im Schnitt aufs Jahr gerechnet knapp einen Euro pro Tag – der Erholungswert ist aber nahezu unbezahlbar.

🌐 Netztipp:

Die Architektin Marie Himmel berichtet das ganze Jahr über aus ihrem wunderschönen Schrebergarten in Hamburg: fraumeise.de

LINAS MARMELADE

Zutaten

500 g frische Beeren (hier Himbeeren aus dem Garten)

75 g Agavendicksaft (wer es süßer mag, nimmt mehr)

1 Päckchen Geliermittel (zum Beispiel Konfitura von Biovegan)

Gläser mit Schraubverschluss

So einfach geht's

Die Himbeeren mit dem Agavendicksaft und dem Geliermittel in einen Topf geben und vermischen. Langsam erhitzen und immer wieder umrühren. In der Zwischenzeit die Gläser mit kochendem Wasser ausspülen. Die Masse im Topf unter Rühren zum Kochen bringen und dann noch 2 bis 3 Minuten weiter kochen lassen. Danach die Marmelade in die Schraubgläser füllen, fest verschließen und auf den Deckel gestellt abkühlen lassen.

Mit einer kleinen Stoffhaube wird die selbstgemachte Marmelade im Handumdrehen zum perfekten Mitbringsel.

GRÜNER ESSEN –
REGIONAL UND SAISONAL

In unseren Supermärkten ist alles immer das ganze Jahr über verfügbar. Der Preis dafür ist, dass Obst und Gemüse zum Teil mehr Meilen sammeln als so manch einer von uns.

Leider kann die wässrige Tomate im Dezember neben der schlechten Ökobilanz auch geschmacklich kaum überzeugen. Obst und Gemüse, das frisch vom Feld, Strauch oder Baum kommt und nur einen kurzen Weg zu unserem Mund zurücklegen musste, schmeckt hingegen immer richtig gut und ist reicher an Nährstoffen. Denn jede Saison und jede Jahreszeit hat ihren ganz eigenen Geschmack. So schmeckt der Winter erdig nach deftigen Eintöpfen mit Rüben und Kohl und der Sommer fruchtig leicht nach Grün und Beeren.

Viele Minimalisten bevorzugen, auch unter Umweltaspekten, eine pflanzenbasierte Ernährung. Damit wir beim Einkaufen den Überblick behalten, hilft der wunderschön illustrierte Saisonkalender von Pia Schulze. Die Illustratorin aus Münster hat jeden Monat des Kalenders liebevoll und detailreich in einem anderen Stil gestaltet. Der Kalender ist perfekt für die Küche – damit kann man schon beim Frühstück Pläne schmieden, was am Abend Köstliches mit regionalem und saisonalem Obst und Gemüse auf den Tisch kommt. Pia ernährt sich seit mehreren Jahren vegan, vermeidet industriellen Zucker und liebt es, immer wieder neue Rezepte mit regionalen und saisonalen Zutaten auszuprobieren.

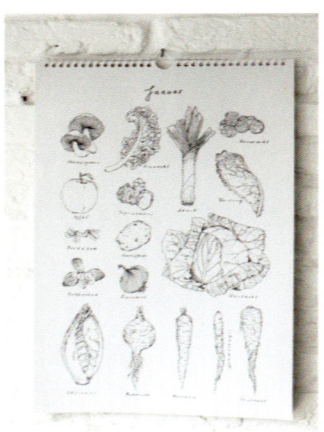

Jeder Monat des Saisonkalenders ist in einem anderen Stil illustriert. Der Kalender kann auf dem Blog der Illustratorin Pia Schulze bestellt werden. Dort gibt es auch viele köstliche vegane und rohköstliche Rezeptideen: *kraft-futter.de*

 **Buchtipp:**

Nordisch roh – Ute Ludwig lebt mit ihrer Familie nördlich von Hamburg und betreibt dort ihre School of Raw, in der Interessierten in Workshops pflanzliche und rohköstliche Ernährung nähergebracht wird. Die besten Rohkost-Rezepte hat Ute nun gesammelt in ihrem Buch *Was dein Herz begehrt* herausgebracht. Alle Infos unter: nordischroh.com

 **Filmtipp:**

Cowspiracy – Der Dokumentarfilm zeigt auf, inwieweit die industrielle Tierhaltung für den Klimawandel, die Waldzerstörung, die zunehmende Wasserverknappung und weitere Umweltprobleme verantwortlich ist.

Earthlings – Ein kritischer Film über den Konsum von Fleisch und die Nutzhaltung von Tieren. Tiere werden in unserer Gesellschaft als Rohstofflieferanten gehalten, zur Unterhaltung

App-Tipp:

Saisonkalender und Erntefrisch – Die Apps zeigen uns, welches Obst und Gemüse zu der aktuellen Jahreszeit reif ist und ohne schlechtes Gewissen in den Einkaufskorb und auf dem Teller landen darf.

Cronometer – Mit Hilfe dieser App können wir die von uns verzehrten Nahrungsmittel auswerten und die aufgenommenen Kalorien, Vitamine und Mineralstoffe tracken.

und für Versuche. Der Sprecher des Dokumentarfilms ist der Tierrechtsverfechter Joaquin Phoenix. Der Soundtrack stammt zu großen Teilen von Moby.

Meet Your Meat – Mehr als 750 Millionen Tiere werden jedes Jahr in Deutschland für den Verzehr getötet. Der aufklärende Film über die Fleisch- und Milchindustrie hat schon viele dazu bewegt, auf Tierprodukte zu verzichten.

SOMMER AUF
DEM TELLER

Marlen Mueller & Thomas Adler / 28 / 35
Fotografin / Fotograf und Designer
Berlin-Adlershof

Adlershof. Das kennen viele nur als eine der tristen S-Bahn-Stationen auf dem Weg zum noch tristeren Hauptstadtflughafen Schöne-feld. Vor einem Jahr haben Marlen und Thomas mit ihrem Hund Cat hier am Rande der Stadt ihr persönliches Paradies gefunden – in einem kleinen Holzhaus mit wunderschön verwunschenem Garten. „Wir haben vorher zu zweit in einer kleinen Einzimmerwohnung in Neukölln gewohnt. Als wir das Haus zum ersten Mal gesehen haben, wussten wir gleich: Das ist es!", erzählt Marlen begeistert. Von hier aus planen die beiden nun auch ihre Reisen für das 2015 gegründete Online-Magazin *Urban Tenting*. Und wenn aktuell keine spannende Tour mit dem blauen Jeep ansteht, dann wird das Dachzelt einfach im Garten ausgeklappt. „Wir schlafen fast den ganzen Sommer hier draußen – das ist wie Urlaub", sagt Thomas.

Im Garten stehen einige schöne alte Obstbäume, und ein paar Beete hat das Fotografenpaar auch schon angelegt. „An das Gärtnern mussten wir uns erst mal herantasten", sagt Marlen. „Aber die eigene Ernte schmeckt einfach immer megagut!", ergänzt Thomas. Ob auf Reisen oder zu Hause – Marlen und Thomas sind große Fans von One Pot-Rezepten. „Wir lieben einfache, schnelle Gerichte mit frischen Zutaten aus dem Garten oder, wenn wir unterwegs sind, mit Gemüse und Gewürzen von lokalen Märkten", erzählt Marlen, „und wir mögen es, wenn der Abwasch schnell geht", ergänzt Thomas lachend. Marlen und Thomas haben das Glück, selber Gemüse anbauen zu können. Aber ein eigener Garten ist nicht der einzige Weg, um an saisonales und regionales Obst und Gemüse heranzukommen. Hier sind gute Tipps für alle, denen es gar nicht frisch genug sein kann:

Beete mieten
Grüner Daumen light – wer Lust darauf hat, selber frisches Gemüse zu ernten, aber nicht die Muße

Der Hund Cat ist bei jedem Abenteuer dabei.

So geht Urban Tenting: Marlen und Thomas zelten im Sommer gerne in ihrem Garten.

und Zeit, einen ganzen Garten zu beackern, der kann sich auch einfach nur ein Beet mieten. Bei „meine ernte" werden die Beete am Anfang der Gartensaison vom Profi bereits mit mehr als 20 Gemüsesorten vorbepflanzt. Danach sind die Beet-Mieter dran mit dem Gärtnern, Gießen und Ernten. Die nachwachsende Gemüsekiste gibt es an vielen Standorten in Deutschland und in zwei Größen, mit ca. 45 Quadratmetern für Singles und Pärchen und mit 90 qm für Familien. Auch die „Ackerhelden" bieten in vielen Städten vorbepflanzte, biozertifizierte Gemüsegärten von 40 Quadratmetern Größe zum Mieten an. (meine-ernte.de, ackerhelden.de)

Die Grüne Kiste im Abo

Wer keinen grünen Daumen hat, muss keinesfalls auf frisches und regionales Obst und Gemüse verzichten. Die beste Adresse für den Einkauf ist immer der Wochenmarkt – hier gibt es alles frisch und fast immer auch unverpackt. Viele Bauernhöfe und Hofläden bieten auch „Grüne Kisten" im Abo-System an. Das ist ein guter Weg, um herauszufinden, was gerade Saison hat, und um kreativ zu werden, welche Gerichte sich mit dem Inhalt der Kiste so kochen lassen.

Ein Herz für krummes Gemüse

Ein Großteil des Gemüses wird in der Regel direkt bei der Ernte aussortiert und schafft es gar nicht in die Geschäfte. Betroffen ist von dieser Vorauswahl alles, was ein bisschen krumm und schief ist und nicht der Norm entspricht. Das Team von ETE-PETETE hat sich mit Bio-Bauern zusammengetan, rettet dieses extravagante Gemüse und verschickt es deutschlandweit zusammen mit einem zu dem saisonalen Inhalt der Kiste passenden Rezept. Und auch das Team von Querfeld rettet und verkauft schräges Obst und Gemüse, das nicht der Norm entspricht. (etepetete-bio.de und querfeld.bio)

Eine Kiste voller Vitamine –
selbstgeerntet schmeckt es
gleich doppelt so gut.

„Beim Zelten lernt
man, die kleinen Dinge
im Leben wieder
bewusst zu genießen."

Mundraub

Natürlich nicht im Laden, sondern an vergessenen Obstbäumen und versteckten Büschen und Zweigen überall in der Stadt. Die Website mundraub.org zeigt auf einer Karte, wo sich die Orte zum Pflücken und Naschen genau befinden.

Lebensmittel teilen

Foodsharing – über die Plattform werden in Deutschland und Österreich überschüssige Lebensmittel gerettet und verteilt. Auf food-sharing.de können Privatpersonen, Händler oder Produzenten Lebensmittel, die sonst weggeworfen werden würden, kostenlos anbieten oder abholen. An der Entwicklung des Projektes war auch Raphael Fellmer beteiligt, der mehrere Jahre im absoluten Geldstreik gelebt hat und über diese Zeit ein Buch geschrieben hat: *Glücklich ohne Geld! Wie ich ohne einen Cent besser und ökologischer lebe.*

EIN TOPF – ALLE HAPPY!

Martha Stewart war es, die mit einem einfachen Pasta-Rezept eine regelrechte „One Pot"-Bewegung ausgelöst hat. Kein Wunder – es ist auch einfach zu verlockend, wenige Zutaten in nur einen einzigen Topf zu werfen und nach kurzer Zeit mit einer köstlichen Mahlzeit belohnt zu werden.

ONE-POT-PASTA

Das Gemüse kommt am besten frisch vom Beet oder vom Markt und kann je nach Geschmack und Saison variiert werden. Die folgenden Zutaten haben Marlen und Thomas diesmal verwendet:

Zutaten

Zwiebeln
Olivenöl
1 Bund Karotten
1 Brokkoli
1 gelbe Zucchini
1 Paprika
1 Fenchel
1 Sellerie
Saft von 2 Zitronen

Tomaten
Kohlrabi
Runkelrüben
Knoblauch
Salz & Pfeffer
Nudeln
Petersilie

So einfach geht's

Holz klein hacken und im Holzkocher anzünden.
Die Zwiebeln hacken und mit einem Schuss Olivenöl im Topf dünsten. Das restliche Gemüse in unterschiedlich große Stücke schneiden und mit dem Zitronensaft in den Topf geben. Mit Wasser aufgießen und mit Salz und Pfeffer würzen. Wenn das Gemüse nach ca. 15 Minuten bissfest ist, die Nudeln dazugeben. Die selbstgemachten Nudeln müssen nur 3 bis 4 Minuten im kochenden Wasser ziehen.
Mit reichlich Petersilie garnieren.

One-Pot-Rezepte sind einfach perfekt fürs Campen. Alle Zutaten in einen Topf, auf die Flamme des Campingkochers, und nach kurzer Zeit heißt es auch schon: Essen ist fertig! Aber auch im Alltag sind One-Pot-Rezepte wahre Lebensretter. Ob an verregneten Sonntagen, Tagen, an denen es einfach schnell gehen muss, oder wenn Gäste kommen und wir uns lieber am Tisch mit dem Besuch unterhalten wollen, anstatt alleine am Herd zu stehen.

Aber nicht nur Pasta lässt sich prima auf diese Art und Weise zubereiten. Auch köstliche Reis-Gerichte sind im Handumdrehen in nur einem Topf zubereitet.

DO-IT-YOURSELF-PASTA

Mit selbstgemachten Nudeln schmeckt es gleich noch mal besser.

Zutaten

250 g Mehl
150 g Hartweizengrieß
1 TL Steinsalz
4 EL Olivenöl
160 ml Wasser

So einfach geht's

Mehl, Grieß und Salz in einer großen Schüssel vermischen. In die Mitte eine Mulde drücken und das Olivenöl mit dem Wasser hineingeben. Mit einer Gabel vom Rand nach innen verrühren. Danach den Teig 10 Minuten lang durchkneten, zu einer Kugel formen und mit einem Tuch zugedeckt eine halbe Stunde ruhen lassen.
Mit dem Nudelholz oder der Nudelmaschine dünn ausrollen und zur gewünschten Pasta zuschneiden. Die Nudeln gleich in die Suppe geben oder zum Trocknen aufhängen und später essen.

ONE-POT-PASTA
MIT ZUCCHININUDELN

Zutaten
für 2 Personen

1 große rote Zwiebel,
grob gehackt

2 Knoblauchzehen, sehr fein
gehackt

2–3 große Zucchini, mit dem
Spiralschneider zu Zucchini-
nudeln verarbeitet

1 Handvoll halbierte
Cherry-Tomaten

Olivenöl

Salz & Pfeffer

Zum Anrichten:

Basilikumblätter

Nüsse

So einfach geht's

Einen guten Schuss Olivenöl im Topf erhitzen. Die gehackte Zwiebel und den fein gewürfelten Knoblauch dazugeben, bei mittlerer Hitze kurz glasig werden lassen. Als Nächstes die Zucchininudeln und die Tomaten in den Topf geben und kräftig mit Salz und Pfeffer würzen. Ab und zu ein bisschen umrühren. Nach wenigen Minuten ist alles schon fertig – die Zoodles dürfen ruhig noch Biss haben.

Die Zucchinipasta auf Tellern anrichten, mit frischen Basilikumblättern und gehackten Nüssen garnieren und genießen.

 Tipp:

Ein Spiralschneider ist ein vielseitiges Tool für die einfache und gesunde Küche. Immer darauf achten, dass das Gerät sicher und rutschfest steht. Dann lassen sich damit im Handumdrehen aus Obst und Gemüse schöne Rohkost-Nudeln zaubern. (Zum Beispiel mit dem Attila Hildmann Spiralschneider von Lurch.)

ONE-POT-
KÜRBIS-CURRY-REIS

Zutaten

für 2 Personen

1 Tasse Langkornreis

2 Handvoll gewürfelter Kürbis

2 Handvoll grünes Gemüse, zum
Beispiel Bohnen oder Brokkoli

1 Zwiebel, gewürfelt

1 Knoblauchzehe, sehr fein
gehackt

Saft von ½ Zitrone

½ Zitrone, in Stücke geschnitten

2 EL Currypulver

500 ml Gemüsebrühe

Olivenöl

Salz & Pfeffer

So einfach geht's

Einen guten Spritzer Olivenöl in den Topf geben, Zwiebeln
anschwitzen und den Knoblauch, den Kürbis und den Reis
dazugeben. Kurz anbraten lassen, dann mit der Gemüsebrühe
aufgießen, bis alles bedeckt ist, und zum Kochen bringen. Nach
5 Minuten das grüne Gemüse sowie die Gewürze dazugeben.
Weitere 10 Minuten bei geschlossenem Deckel köcheln lassen,
bis die Flüssigkeit verkocht ist. Anrichten, mit dem Zitronensaft
beträufeln und mit den Zitronenstücken garnieren.

Körper

EINFACH
TRAINIEREN

In Ostberlin wird die Zwille „Katschi"
genannt. Stefan schießt mit Kastanien
und Eicheln auf Bäume.

„mmer nur am Schreibtisch hocken, das macht dick und dumm", sagt Stefan. Vor einem Jahr hat er seinen Job gekündigt und ist für vier Monate nach Grenada gereist. Mit nur einer Tasche. „Trotzdem hatte ich noch viel zu viel mit. Beim Reisen lernt man erst, wie wenig man eigentlich braucht." Auf der Reise hat Stefan 20 Kilo abgenommen. Wie? Indem er aufgehört hat, sich zum Sport zu zwingen. „Wenn Sport nur wie ein weiterer Pflichttermin im Kalender ist, dann wird das nichts." Auf seiner Reise hat Stefan ein Video von Stephen Jepson gesehen, das ihn besonders inspiriert hat. Der 74-jährige Jepson ist topfit und das beste Beispiel dafür, dass es ganz einfach ist, gesund und glücklich zu sein, wenn wir uns darauf besinnen, was uns als Kind Spaß gemacht hat – spielen. Stefan hat diese neue Freude an der spielerischen Bewegung wieder für sich entdeckt. Er klettert auf Bäume, skatet und jongliert mit allem, was er finden kann. Bewegung und Übungen baut er ganz selbstverständlich und spielerisch in seinen Alltag ein. Zum Beispiel, indem er Lichtschalter-Kung-Fu spielt und den Schalter nur mit dem Fuß bedient. Mit seiner Zwille, die hier im Osten Berlins „Katschi" heißt, zieht Stefan um die Häuser und schießt mit Kastanien und Eicheln auf Bäume – gerne auch zusammen mit seinem Kumpel Sebastian. Der ist Personal Trainer und legt Wert auf ein ganzheitliches Training ohne Schnickschnack.

Wir brauchen kein staubiges Fitnesscenter und auch keine teuren Geräte oder kompliziertes Zubehör, um fit und gesund zu bleiben. Eigentlich brauchen wir nur ein wenig Motivation, einen Park und den besten Kumpel – und schon kann es losgehen.

Basti und Stefan zeigen hier ihre Lieblingsübungen, mit denen der ganze Körper trainiert wird. Wichtig: Vorher immer gut warm machen. Am besten eine lockere Runde durch den Park traben und sanft dehnen.

Wer Lust hat auf den extra Push der Gruppendynamik, kann sich auch einer der vielen Laufgruppen anschließen, die es in fast allen Städten gibt. Laufen ist eine der minimalistischsten Sportarten überhaupt. Schuhe anziehen, und schon geht es los. Überall und zu jeder Zeit. In Berlin läuft zum Beispiel das Run Pack, in Hamburg die Tide Runners und in München die Urban Runners. Unter runnersworld.de findet sich für jeden Ort die passende Laufgruppe.

Hier kommt das ultimative Trainingsprogramm ohne Geräte für alle, die Sport unkompliziert und effektiv mögen.

Stefan Deckner & Sebastian Grüner / 37 / 29
Artdirector & Regisseur / Personal Trainer
Berlin-Pankow / Friedrichshain

Krabbeln

Im Vierfüßlerstand beginnen und von dort aus immer einen Arm und ein Bein diagonal anheben und einen Schritt nach vorne setzen. Der Oberkörper bleibt immer parallel zum Boden. Dieser simple Bewegungsablauf verbessert besonders die Stabilität der Körpermitte und trainiert das Zusammenspiel zwischen Schultergürtel und Hüfte. Laut Basti sorgt Krabbeln für das ultimative Feintuning der Rumpfmuskulatur.

Jump

Die Ausgangsposition: Mit schulterbreitem Abstand vor der Mauer aufstellen, Arme und Beine leicht anwinkeln und die Schulterblätter zusammenziehen. Dann aus dem Stand explosionsartig und kraftvoll auf die Mauer springen. Wichtig ist es, so zu springen, dass die Landung möglichst leise verläuft – mit den Fußballen zuerst und mit gebeugten Knien landen. Danach die Beine durchstrecken, von der Mauer steigen und erneut zum Sprung ansetzen. Trainiert die Beine, den Rumpf und natürlich die Sprungkraft, zudem wird die Mobilität und Stabilität verbessert.

Liegestütze

Liegestütze lassen sich gut an Treppen trainieren. Durch die Höhe der Stufen lässt sich die Intensität variieren. Der Klassiker kann in verschiedenen Varianten immer wieder neu interpretiert werden. Zum Beispiel wie hier, wenn parallel mit dem Anwinkeln der Arme ein Knie zum Ellenbogen angezogen wird.

Iceskater

Diese Übung trainiert die Beine, den Po, die Koordination und bringt das Herz-Kreislauf-System in Schwung. So geht's: Auf dem rechten Bein stehen und das linke Bein nach hinten rechts versetzen. Der linke Arm zeigt zum rechten Fuß, und der rechte Arm zeigt zum Himmel. Kraftvoll mit dem rechten Fuß abspringen und auf dem linken Fuß landen. Dabei den Schwung abfangen, indem das rechte Bein hinter den linken Fuß geführt wird. Die Arme gehen in der Bewegung mit. Nun zeigt der rechte Arm zum linken Fuß. Der linke Arm zeigt in die Luft und gibt den Schwung für den neuen Sprung zurück auf das andere Bein.

Spielen statt Sport: Stefan skatet, klettert auf
Bäume und jongliert mit allem, was er finden kann.

VWTU

Mit den Armen ein V formen. Dabei die Daumen nach hinten ziehen. Danach ein W formen und dabei die Ellenbogen maximal nach hinten unten ziehen. Die Arme zum T öffnen, um danach zum U überzugehen. Bei jeder Position kurz innehalten und den ganzen Übungsablauf mehrfach wiederholen. Bei allen Übungen der Trainingsabfolge die Schulterblätter nach hinten unten zusammenziehen, ohne dass sie sich berühren. VWTU trainiert die Schultern, öffnet den Brustkorb und verbessert die Haltung.

Tiefe Kniebeuge

Bastis Tipp: „Jeden Tag ein paar Minuten in der tiefen Kniebeuge verbringen. Das ist eigentlich eine entspannte Pausenposition – aber 70 Prozent der Menschen hier bekommen das nicht mehr hin." Bei dieser Übung ist es wichtig, dass die Fersen auf dem Boden sind. Die tiefe Kniebeuge verbessert die Beweglichkeit im Sprunggelenk und in der Hüfte.

 **Netztipp:**

neverleavetheplayground.com von Stephen Jepson.

Meditation

Atemübungen und Meditation sind ein perfekter Abschluss für jedes Training. Bei vielen Kampfsportarten wird im Anschluss immer gemeinsam meditiert. Denn nicht nur der Körper, sondern auch der Geist wollen trainiert werden.

So geht's: Im Fersensitz Platz nehmen und die Augen schließen. Die Schultern locker lassen und tief durch die Nase einatmen, dabei wird der Bauch groß. Die Atemübung 4-5-6-7 hilft beim Entspannen: Vier Sekunden lang einatmen, den Atem fünf Sekunden halten, sechs Sekunden ausatmen und sieben Sekunden den Atem halten. Mit jedem Ausatmen ganz bewusst entspannen und die Gedanken und Sorgen loslassen.

WARUM MINIMALISTEN
WASSER TRINKEN

V iele Getränke im Supermarkt sind alles andere als gesund, werden in Plastik-Einwegverpackungen verkauft und enthalten eine lange Liste an ungesunden Inhaltsstoffen wie Zucker, Farb- und Konservierungsstoffe. Dabei brauchen wir weder die Designer-Drinks noch den Supermarkt selbst, um unseren Durst zu stillen. Das beste und minimalistischste Getränk kommt unbegrenzt in 1-a-Qualität direkt bei uns zu Hause aus der Leitung: Wasser.

Unser Körper besteht zu großen Teilen aus Wasser und braucht, besonders für das Gehirn, über den Tag verteilt ausreichend Wasser, um richtig gut zu funktionieren. Nur wenn wir genug trinken, fühlen wir uns richtig fit und leistungsfähig. Auch unsere Haut sieht dann sofort praller und strahlender aus. Wasser ist eine richtige Anti-Aging-Geheimwaffe und bringt den Stoffwechsel in Schwung. Es transportiert Nährstoffe in unsere Zellen und Giftstoffe hinaus.

Leitungswasser ist das am strengsten überprüfte Lebensmittel in Deutschland. Die Grenzwerte sind oft strenger als bei abgefülltem Wasser aus dem Laden. Vor allem Plastikflaschen haben einen bedeutenden Nachteil: Die im Plastik enthaltenen Weichmacher können in das Wasser übergehen und den Geschmack und die Qualität mindern sowie unsere Gesundheit beeinträchtigen. Wenn der Geschmack des Leitungswassers von Haus aus nicht optimal ist, einfach einen guten Wasserfilter davorschrauben. Der filtert Schwebstoffe, Schwermetalle, Pestizide und Kalk aus dem Wasser. Filter gibt es zum Beispiel von Leogant.

Fünf Tipps, um mehr Wasser zu trinken:

1. Morgenroutine: Gleich nach dem Aufstehen als Erstes einen halben Liter Wasser trinken. Wer mag, gerne zum Beispiel auch warm mit Ingwer oder Zitrone.

2. Eine schöne und praktische Flasche zum Wiederbefüllen kaufen und überall mit hinnehmen. Glas- oder Metall-Flaschen sind besonders zu empfehlen. (Zum Beispiel von Soulbottles oder ECO Brotbox)

3. Eine schöne Karaffe mit einem passenden Glas für zu Hause anschaffen und immer gefüllt im Sichtfeld stehen lassen. Gelegenheit macht Durst.

4. Das Wasser aufpeppen. Mit ein bisschen Obst oder frischen Kräutern schmeckt Leitungswasser immer wieder erfrischend anders – und es sieht auch noch toll aus.

5. Trinkverhalten tracken: Die Apps *Trink!Wasser*, *Hydro Coach* und *Hydro Wasser trinken* helfen uns dabei, über den Tag ans Wassertrinken zu denken, und erinnern uns daran, unseren Mindestbedarf zu decken.

MINIMALISMUS

LIFESTYLE

Wer anfängt, das Leben zu vereinfachen und von Überflüssigem zu befreien, beginnt oft mit kleinen, oberflächlichen Dingen. Zuerst wird der Kleiderschrank entrümpelt, dann der Badezimmerschrank und dann die Wohnung. Doch irgendwann geht es nicht mehr um die Teile, die gehen, sondern um die, die bewusst bleiben.

GRÜNER MINIMALISMUS

Weniger wird eine Lebenseinstellung

Aus einer kleinen Entrümpelungsaktion kann leicht ein ganzer Lifestyle werden. Wenn wir uns wie ein Archäologe mühevoll durch die einzelnen Schichten unserer Besitztümer gearbeitet haben, und damit auch durch unsere Vergangenheit, dann werden wir sehr kritisch, was Konsum und die Anschaffung von neuen Dingen angeht. An die Stelle von Shopping rücken andere Dinge und Werte. Wenn wir etwas Neues kaufen wollen, überlegen wir genau, was. Minimalismus verändert die Beziehung zu und den Umgang mit Geld.

Wir bezahlen nicht mit Geld – sondern mit Zeit

In dem Science-Fiction-Blockbuster *In Time – Die Zeit läuft ab* mit Justin Timberlake ist nicht Geld die Währung – sondern Zeit. Die Menschen haben dabei eine Digitalanzeige in ihrem Unterarm, um mit Zeit zu bezahlen und um jederzeit ihren Zeit-Kontostand zu sehen. Klingt ziemlich gruselig. Aber im Großen und Ganzen ist es, auch ohne Cola und Popcorn, im richtigen Leben genauso. Jedes Mal, wenn wir etwas Neues kaufen und an der Kasse stehen, um zu bezahlen, zahlen wir mit der Lebenszeit, die wir aufgewendet haben, um das Geld zu verdienen.

Wir können uns überlegen, wofür wir unsere kostbare Zeit ausgeben möchten. Für eine große Wohnung, deren Zimmer wir vielleicht gar nicht alle benutzen, für Kleidung, die wir nicht tragen, oder für Dinge, die in den Regalen verstauben.

Um mehr Übersicht und Kontrolle über die eigenen Finanzen zu bekommen, hilft es, seinen Stundenlohn zu berechnen, um eine realistische Einschätzung für den tatsächlichen Wert von materiellen Dingen zu bekommen. Zusätzlich empfiehlt es sich, immer alle Einnahmen und getätigten Ausgaben zu notieren und zu beobachten. Zum Beispiel in einem ganz klassischen Haushaltsbuch oder mit Hilfe der App *Homebudget*.

„Zu viele Leute geben Geld aus, das sie nicht verdient haben, um Dinge zu kaufen, die sie nicht wollen, um Leute zu beeindrucken, die sie nicht mögen."
– Will Rogers

Dinge selber herzustellen spart Geld und macht Spaß. Das Rezept zu Annas umweltfreundlichem, flüssigem Waschmittel gibt es ab Seite 214.

Jeder Bon ist ein Stimmzettel

Mit jedem Euro, den wir ausgeben, treffen wir eine Entscheidung, welche Firmen, Marken und Produkte es geben soll. Mit jedem Kauf gestalten wir die Welt ein Stück mit. Wenn wir weniger und gezielter einkaufen, können wir es uns leisten, bewusst gute Läden und Marken zu unterstützen – Läden wie zum Beispiel Original Unverpackt in Berlin: ein Geschäft für Minimalisten, Zero-Waster und Menschen, die grundsätzlich gerne gute Produkte und keinen Müll kaufen. Dort kann man über 600 Produkte verpackungsfrei einkaufen. Milena Glimbovski hat den Laden gegründet, weil sie selber gerne so ein Geschäft in ihrer Nähe haben wollte. (Seite 198)

Zero Waste

Wer weniger überflüssige Dinge in seinem Leben haben möchte, der stolpert ziemlich schnell über das Thema Müll und versucht, besonders Einweg-Plastikmüll zu reduzieren. Deshalb interessieren sich sehr viele Minimalisten auch für das Thema Zero Waste. Richtige Profis auf diesem Gebiet sind Shia und Hanno Su: Ihr gemeinsamer Jahresmüll passt in ein einziges Glas. Die beiden suchen und kaufen ausschließlich ganz gezielt Produkte ohne Verpackungen oder stellen Produkte selber her. Shia und Hanno waschen ihre Wäsche mit im Herbst gesammelten Kastanien, haben eine Kiste mit Würmern in der Küche und auch sonst jede Menge gute Tipps zum Zero-Waste-Lifestyle auf Lager. (Seite 190)

Wieviel brauchen wir wirklich?

Ein minimalistischer Lifestyle stellt auch gesellschaftliche Normen und Erwartungen infrage. Shia und Hanno sind zum Beispiel nur in ihre Zweizimmerwohnung gezogen, weil sie das Gefühl hatten, dass dies nach dem Studium erwartet werden würde. Sie finden ihre Wohnung im Zentrum auch sehr schön, aber leider zu groß. Die bei-

Simon reist mit kleinem Gepäck um
die Welt. Ein Zuhause auf Zeit ist dieses
moderne Hausboot in Berlin.

den träumen vom Leben in einem Tiny House. Der
Wohnwaggon, in dem ein völlig autarkes Leben
möglich ist, wäre perfekt für die beiden. (Mehr
zum Leben im Tiny House ab Seite 216.)

Wenn wir uns von diesem Erwartungsdruck und
den Konventionen befreien und stattdessen in uns
hineinhorchen, finden wir vielleicht heraus, dass
wir ein ganz anderes Leben probieren möchten.
So wie Anna Schunck und Marcus Werner. Die beiden sind aus der Stadt aufs platte Land gezogen
und leben nun mit fünf Schafen und zwei Katzen
auf einem Hof in Brandenburg. (Seite 206)

Bei manchen Menschen hat der minimalistische
Lebensstil noch drastischere Folgen. Sie verkaufen und verschenken alle Besitztümer und leben
mobil ohne festen Wohnsitz. So wie Simon Stark,
der seit Monaten reist und aus dem Koffer lebt.
Nach einem Ayahuasca-Trip im Dschungel des
Amazonas hat er beschlossen, auf Weltreise zu
gehen, an alle Orte, die ihn rufen. Zurzeit wohnt er
auf einem Hausboot in Berlin. (Seite 222)

Der Wert von Zeit

Minimalisten lernen den Wert von Zeit neu kennen
und schätzen. Der Autor Tim Urban zeigt Grafiken
auf waitbutwhy.com, die verdeutlichen, wie kostbar
und vergänglich unsere Lebenszeit ist. Mit weniger
überflüssigen Dingen im Leben bleibt einfach mehr
Raum und Freiheit für das Wesentliche. Kleine
Momente und Erlebnisse werden plötzlich wieder
bewusster wahrgenommen und wertgeschätzt.
Achtsamkeit und Dankbarkeit können zudem mit
einfachen Übungen trainiert werden. (Seite 204)

Auch Madeleine Alizadeh hat ihr Leben ver-
einfacht und neu entschieden, wie sie ihre Zeit
nutzen möchte. Früher hat die Influencerin für Fast
Fashion, Make-up und schnellen Konsum ge-
brannt. Heute lebt sie vegan, wäscht ihre Haare
mit Roggenmehl und zieht auch lange Zugfahr-
ten dem Fliegen vor. Durch den minimalistischen
Lebensstil hat sich ihr Fokus verschoben.
Madeleine engagiert sich auf vielen Feldern sozial:
für Flüchtlinge, politisch und für den Tierschutz.
(Seite 228)

ZERO WASTE –
VIELE KLEINE SCHRITTE

Mit einem konsequenten Zero-Waste-Lifestyle lässt
sich eine Menge Müll vermeiden. Bei einigen passt der
Abfall von einem ganzen Jahr in ein einziges Glas.

Viele Menschen möchten sich, wenn sie beginnen, sich mit dem Thema Minimalismus zu beschäftigen, in allen Lebensbereichen reduzieren und weniger Dinge besitzen, weniger Kleidung, weniger Kosmetik, weniger Ramsch und auch weniger Müll. Deshalb führt ein minimalistischer Lebensstil auch oft zu einem umweltbewussten Zero-Waste-Lebensstil. Wobei das Wort „zero" hierbei nicht wörtlich genommen werden sollte. Wirklich gar keinen – also „null" – Müll zu produzieren, ist kaum möglich, und darum geht es auch gar nicht. Es geht vielmehr darum, ein Bewusstsein zu entwickeln und zu schauen, was wir weglassen und einsparen können. Durchschnittlich verursachen wir 1,7 Kilo Müll am Tag. Die Berge an Müll, die so zusammenkommen, besonders der Einweg-Plastikmüll, aber auch der Elektroschrott und die Lebensmittelverschwendung, die ein durchschnittlicher Haushalt produziert, sind oft unnötig und für unsere Umwelt einfach nicht zu verkraften.

Mit vielen kleinen Schritten hin zu einem müllfreieren Leben können wir gemeinsam in der Summe Großes bewegen. Die Zero-Waste-Ikone Bea Johnson hat dazu das System der 5 R entwickelt.

Den Müll lesen

Der erste Schritt zu einem Leben mit weniger Müll beginnt damit, den vorhandenen Müll zu sammeln und zu analysieren. Wenn wir herausfinden, durch welche Käufe und Produkte der Abfall entsteht, können wir beginnen, diese zu reduzieren, und nach nachhaltigeren Mehrwegprodukten suchen oder Dinge selber herstellen.

DIE 5 R

---

1. REFUSE / ABLEHNEN
   ↓
2. REDUCE / REDUZIEREN
   ↓
3. REUSE / REPARIEREN
   ↓
4. RECYCLE / RECYCELN
   ↓
5. ROT / KOMPOSTIEREN

1. Potentiellen Müll ablehnen (zum Beispiel Tüten, Flyer, Werbepost, Freebies, Visitenkarten …).
2. Den Konsum von Einwegprodukten, die die Umwelt belasten und Müll verursachen, reduzieren (Milena kauft zum Beispiel nur noch zwei Tüten Chips im Jahr).
3. Dinge und Produkte so lange und so oft wiederverwerten, wie es möglich ist. Auf Mehrwegalternativen setzen und Kaputtes reparieren lassen.
4. Müll, der trotz Ablehnen, Reduzieren, Wiederverwerten und Reparieren noch anfällt, wird recycelt.
5. Aus Küchenabfällen wird hochwertiger Dünger, mit dem wir unsere Beete oder Topfpflanzen versorgen können.

Shia & Hanno Su / 33 / 34
Zero-Waste-Profis
Bochum, Gerberviertel

Bei Shia und Hanno passt der Abfall von einem ganzen Jahr in ein kleines Glas. Jeder durchschnittliche deutsche Bundesbürger dagegen erzeugt im Jahr 617 Kilo Müll – das ist ein großer Haufen und umso erstaunlicher im Vergleich. Die beiden leben konsequent nach dem Zero-Waste-Prinzip und sind sehr erfolgreich im Müll-Vermeiden. „Zero", also wirklich gar keinen Müll mehr zu erzeugen, halten selbst Profis wie Shia und Hanno für fast unmöglich. Deshalb erklärt Shia, dass sie den Begriff „Minimal Waste" passender finden würde. Im Hause Su wird Müll konsequent vermieden, mögliche Ausnahmen werden so minimal gehalten wie möglich. „Wenn ich ab und zu mal eine Banane essen möchte, dann gönne ich mir das auch – obwohl die Ökobilanz bei dem langen Transportweg sehr schlecht ist und da ein Sticker draufklebt", erklärt Hanno. Der Aufkleber kommt dann in das Glas, zusammen mit dem anderen „problematischen Müll", der nicht vermieden oder recycelt werden konnte. Das sind hauptsächlich Kassenbons. Die sehen zwar oft harmlos aus, aber das Thermopapier ist fast immer mit BPA beschichtet. Bisphenol A ist eine chemische Verbindung, die in Kunststoffen enthalten ist und einer der Gründe dafür ist, warum Plastik einen so schlechten Ruf hat. Es ist eine Industriechemikalie, die den Hormonhaushalt des Körpers negativ beeinflusst und mit Diabetes, Übergewicht, Unfruchtbarkeit und Wachstumsstörungen in Verbindung gebracht wird. Bei Studien wurde der Stoff bereits in erhöhten Mengen im Blut von Kassiererinnen in Supermärkten nachgewiesen. Daher sollten die Kassenzettel nicht ins Altpapier und damit in den Papierkreislauf gelangen. Läden sind übrigens nicht dazu verpflichtet, einen Bon zu drucken. Daher kaufen Shia und Hanno bevorzugt in Geschäften ein, die auf Nachfrage auf das Drucken des Kassenzettels verzichten.

Überhaupt achten Shia und Hanno auf viele Kleinigkeiten, die in der Summe einen großen Unterschied machen. Wenn die beiden im Restaurant essen gehen, bestellen sie Servietten und Strohhalme vorher ab. Um dem Nachdruck zu verleihen, zeigen sie ihren mitgebrachten Edelstahlstrohhalm. Beim Einkaufen wählen die beiden bevorzugt unverpackte Produkte und suchen gezielt nach Obst und Gemüse, das schon kleine Stellen und Macken hat oder krumm gewachsen ist und sonst vermutlich von niemandem mehr gekauft würde. Waren, die es nicht unverpackt gibt, kaufen die beiden nur in Pfand-Gläsern und -Flaschen oder recycelbaren Papierverpackungen – Plastik kommt ihnen nicht in die Tüte. Organische Abfälle kompostieren die beiden direkt in ihrer Küche – in der eigenen Wurmkiste. Shia und Hanno benutzen zum Einkaufen mitgebrachte Stoffbeutel, Edelstahldosen und haben immer ihre eigenen Stofftaschentücher, Servietten und Stäbchen dabei. Ihren Becher für „coffee to go" haben sie allerdings fast nie dabei. Lieber sagen sie sich: Lass uns eine Pause machen und den Kaffee ganz in Ruhe genießen.

Shia und Hanno kaufen, wann immer es möglich ist, lose Waren ein und füllen diese in mitgebrachte Taschen, Beutel, Behälter und Gläser.

Vorratshaltung auf Minimal-Waste-Art: Alle Produkte werden unverpackt eingekauft und in Gläsern aufbewahrt. Das ist schön übersichtlich und beugt Lebensmittelverschwendung vor.

Shia und Hanno haben den Minimal-Waste-Lifestyle perfektioniert – auch wenn die beiden das selbst gar nicht so empfinden, sondern ganz im Gegenteil immer noch viel Potential sehen, um weitere Dinge zu verbessern, und gar keinen Anspruch haben, alles perfekt zu machen. Auch sie haben mal klein angefangen. „Was unser Mindset verändert hat, war folgender Ansatz: Nicht erst warten, bis man alles weiß und für alles eine Lösung hat. Sondern einfach mal anfangen", erklärt Shia. Ihr Tipp ist es, mit den Dingen zu beginnen, die einem leicht fallen. Um die anderen kann man sich in Zukunft kümmern – Schritt für Schritt. Wie beim Lernen einer neuen Sprache. Da fängt man auch nicht mit den komplizierten Sätzen an, sondern lernt erst mal die einfachen Wörter. So haben Shia und Hanno es mit Minimal Waste auch gemacht. Es war zu Anfang nicht ihr Ziel, den ganzen Müll von einem Jahr in ein Glas packen zu können.

Shia und Hanno sind für viele Menschen ein großes Vorbild für nachhaltigen, verpackungsfreien Konsum. Auf ihrem Blog *Wasteland Rebel* und in ihrem Buch *Zero Waste – Weniger Müll ist das neue Grün* berichtet Shia über ihr nahezu müllfreies Leben. Die Reaktionen auf ihren Lifestyle sind oft positiv und von Neugierde geprägt. Die beiden bekommen aber auch oft zu hören, dass ihr Weg zu konsequent und extrem sei. „Dabei finden wir, dass diese Art zu leben normal sein sollte und es extrem ist, eine Fertigpizza zu essen, deren einzelne Bestandteile in 30 Ländern produziert wurden", erklärt Hanno. „Dass Ausbeutung die Norm ist, finde ich extrem!", ergänzt Shia. So viel Müll einzusparen und zu zeigen, dass das auch in unserem System möglich ist, stellt für Shia und Hanno auch ein symbolisches Statement dar. Sie wollen so dafür sensibilisieren, dass wir nicht genügend Ressourcen haben, um etwas zu produzieren, das nur für die Tonne designt wird. „Der Trick bei Zero Waste ist, dass dieses Abfallprodukt, das eigentlich ja immer schnell aus dem Blickfeld geraten soll, plötzlich sichtbar wird. Dadurch werden auch Prozesse in Kreisläufen sichtbar gemacht, die sich selber brauchen, aber auch auf Kosten von Mensch und Umwelt gehen", erzählt Hanno. Auf lange Sicht wünschen sich Shia

Shia und Hanno kompostieren ihren
Bio-Abfall – in der Wurmkiste. Das riecht
nicht und macht auch keine Arbeit, die
übernehmen die Würmer.

und Hanno eine Veränderung und Neuaufstellung des ganzen Systems; es soll hingehen zu lokalem, fairem, nachhaltigem und bewusstem Konsum.

Die beiden haben mit Beginn des Zero-Waste-Lifestyles vor vier Jahren angefangen, in vielen Bereichen minimalistischer zu leben. Sie haben viel aussortiert und sich von vielen Dingen getrennt. Dabei war es ihnen wichtig, die Dinge, wenn möglich, an Menschen weiterzugeben, die einen Nutzen draus ziehen können. Hanno beschreibt es so: „Aus irgendwelchen Gründen besitze ich Sachen, und dadurch habe ich die Verantwortung, dass sie gut unterkommen. Ich habe den Fehler gemacht und sie mir mal aufgeladen, und jetzt muss ich dafür sorgen, dass sie wieder sinnvoll unter die Leute kommen." Reuse, das Wiederverwenden, ist eine der wichtigen Säulen beim Zero-Waste-Lifestyle. Das Reduzieren der physischen Dinge hat auch zu einem Gefühl von Ordnung und Klarheit im Kopf geführt. „Es kam mir vor, als ob mein Kopf zugeklebt ist. Das ganze Zeugs, zum Beispiel auch die Bücher, die ich hatte, trage ich jeden Tag mit mir rum – in

Shia und Hanno stellen fast alle
kosmetischen Produkte wie Deo,
Haarspray und Mundspülung aus
wenigen Zutaten selber her.

So sieht der Wocheneinkauf im Hause Su aus. Viel frisches Obst und Gemüse, keine Fertigprodukte und kein Müll.

Gedanken, in meinem Kopf sozusagen. Als die alle weg waren, war das wunderbar, eine Erleichterung. Jetzt habe ich nur noch die Bücher, mit denen ich gerade arbeite, die ich gerade lese, und die kommen danach in die Bibliothek zurück oder werden verschenkt."

Shia und Hanno leben in einer hellen Zweizimmerwohnung mit 60 Quadratmetern mitten im Zentrum von Bochum. Die Wohnung ist ihnen allerdings viel zu groß. Vorher haben beide lange Zeit zusammen in einer Einzimmerwohnung auf 19½ Quadratmetern gewohnt. Das war Hannos Studentenzimmer, in das Shia irgendwann mit eingezogen ist. Die Wohnung hatte keine Küche, und so wurde die ehemalige Besenkammer zur Kochnische umfunktioniert. „Man stand im Flur und hat in der Kammer gekocht", erklärt Hanno.

„Das war cool, so wie es war", sagt Shia. „Wir haben absolut nichts vermisst. Die Leute kamen uns trotzdem besuchen, und keiner hat sich daran gestört, dass es klein war. Auf 19½ Quadratmetern kann man zu zweit gut wohnen. Wir haben uns leider irgendwann von unseren Eltern und der Gesellschaft einlullen lassen." Mittlerweile sehen Shia und Hanno die gesellschaftlichen Erwartungen kritisch, nach dem Studium in eine größere Wohnung ziehen zu müssen und, wenn man einen guten Job hat, dann in eine noch größere Wohnung. Das liegt auch an den Erfahrungen, die die beiden in Japan gesammelt haben. Dort haben Shia und Hanno ein Jahr gelebt. Zu zweit auf 36 Quadratmetern – das ist für Tokioter Verhältnisse riesig. Für die Zukunft träumen die beiden vom Leben in einem autarken Tiny House oder einer kleinen 20- bis 30-Quadratmeter-Wohnung.

Blogtipps:

Shia ist in Deutschland die absolute Zero-Waste-Queen, von der wir viel lernen können. Auch sie hat mit kleinen Schritten angefangen, sich dem Zero-Waste-Lifestyle zu nähern. Damals war Bea Johnson eine große Inspiration für sie.

Zero Waste Home – Bea Johnson war die erste

Zero-Waste-Bloggerin überhaupt. Sie zeigt, wie simpel das Leben als Zero-Waste-Familie aussehen kann. (zerowastehome.com)

Trash Is For Tossers – Lauren Singer lebt in Brooklyn und zeigt, dass sich ein Zero-Waste-Lifestyle auch in einer Metropole wie New York umsetzen lässt. (trashisfortossers.com)

Shia und Hanno wählen gerne extra Gemüse und Obst mit kleinen Druckstellen und Macken aus, da das sonst wahrscheinlich niemand kaufen würde.

Jeden Herbst gibt es einen Jahresvorrat an Waschmittel –
kostenlos in jedem Park.

Do it yourself

WASCHMITTEL AUS KASTANIEN

Shia und Hanno stellen seit Jahren ihr eigenes Waschmittel aus Rosskastanien her. Dafür geht es jedes Jahr im Herbst mit einem großen Beutel in den Park, um den Jahresvorrat zu sammeln. Kastanien enthalten Sapione, die im Wasser aufschäumen und wie Seife wirken.

DIY-WASCHMITTEL AUS KASTANIEN

Zutaten

Rosskastanien
Duftöl
Standmixer

So einfach geht's

Die gesammelten Kastanien waschen, vierteln und im Mixer zerkleinern. Die kleinen Kastanien-Stückchen ausbreiten und trocknen lassen. Das getrocknete Kastanienschrot (70 g pro Waschgang) vor der Benutzung mit warmem Wasser übergießen und fünf Minuten stehen lassen, danach die Flüssigkeit durch ein Sieb ins Waschmittelfach gießen. Wer mag, kann noch ein paar Tropfen Duftöl dazugeben. Alternativ kann das Kastanienschrot auch einfach in einem zugeknoteten Nylonstrumpf mitgewaschen werden.

Milena Glimbovski /26
Gründerin & Geschäftsführerin
Berlin-Kreuzberg/Neukölln

Trockene Produkte wie Müsli, Reis, Getreide, Linsen, Bohnen und Co können bei Original Unverpackt aus praktischen, hygienischen Spendern in mitgebrachte Gefäße abgefüllt werden. Wer seine eigenen Gläser oder Beutel vergessen hat, kann vor Ort Behälter kaufen oder ausleihen.

Milena pendelt am liebsten mit ihrem Penny-Board zwischen Kreuzberg und dem benachbarten Neukölln hin und her. In Kreuzberg in der Wiener Straße, gleich neben dem berüchtigten Görlitzer Park, befindet sich Milenas Laden Original Unverpackt: einer der ersten Supermärkte Deutschlands, in denen verpackungsfrei eingekauft werden kann. Im Angebot befinden sich ungefähr 600 verschiedene Produkte: Getreide, Nudeln, Linsen, Süßwaren, Obst und Gemüse, aber auch Drogerieartikel wie Zahnputztabs, Bambuszahnbürsten, Waschmittel und Seifen. Flüssige Produkte wie Öl, Essig und Säfte gibt es in Pfandflaschen. Also fast alles, was es im normalen Supermarkt auch gibt, nur eben ohne die lästige Verpackung. Das Prinzip ist ganz simpel: Die Kunden können ihre eigenen Beutel, Gläser und Gefäße mitbringen und vor Ort selbst aus den großen Vorratsbehältern befüllen. Das Leergewicht der mitgebrachten Behälter wird auf einer Waage ermittelt. Echte Zero-Waste-Profis notieren das Gewicht mit einem wasserfesten Stift auf dem Behälter. Oder bringen ihren Re-Sack, Beutel oder Taschen von naturtasche.de zum Befüllen mit, hier ist das Gewicht schon auf dem Label vermerkt. Wer seine Behälter vergessen hat oder spontan vorbeigekommen ist, kann vor Ort Behälter kaufen oder ausleihen.

„Wir haben sehr viele Zero-Waster und Minimalisten unter unseren Kunden", erzählt Milena, „Letzteren gefällt auch die cleane Optik bei uns im Laden sehr gut." Tatsächlich ist der Besuch bei Original Unverpackt ein kleiner Urlaub für das Auge. Keine grellen, hässlichen Plastikverpackungen wie im herkömmlichen Supermarkt kämpfen hier um unsere Aufmerksamkeit, sondern es sind die Produkte selbst, die wirken können. Bei Original Unverpackt wird großer Wert auf regionale Herstellung und Bio-Produkte gelegt. In Reih und Glied warten die trockenen Produkte wie Müsli, Reis, Linsen und Körner darauf, aus den großen Spendern abgefüllt zu werden. Das ist nicht nur hygienisch und praktisch, sondern macht auch Spaß. „Leute aus aller Welt kommen zu uns in den Laden, um sich zu überzeugen, wie easy-peasy unverpackt einkaufen geht." Mittlerweile gibt es in vielen Städten Unverpackt-Läden, und die Tendenz ist steigend. Auch die schwerfälligen Ketten im Einzelhandel ziehen langsam nach – nachdem viele mittlerweile die Plastiktüten verbannt haben, sind nun auch mehr unverpackte Waren in der

Der Laden befindet sich in der Wiener Straße, direkt neben dem berühmt-berüchtigten Görlitzer Park.

Bei Milena zu Hause ist nichts zu viel und nichts zufällig. Möbel und Kleidung kauft sie secondhand. Lebensmittel und Co kommen aus dem eigenen Laden, und Kosmetik und Putzmittel stellt Milena aus wenigen Zutaten selber her.

Das Sortiment umfasst über 600 Produkte –
also alles, was der herkömmliche Supermarkt
auch anbietet. Seit kurzem gibt es Original
Unverpackt auch als Online-Shop:
shop.original-unverpackt.de

Planung. Bleibt zu hoffen, dass bio und unverpackt bald der Standard sind. Denn laut Umweltbundesamt sind 2014 in Deutschland 17,8 Millionen Tonnen Verpackungsmüll angefallen. Der Großteil an Produkten im herkömmlichen Supermarkt wird bisher in Plastik verpackt. Die Plastikproduktion hat in den letzten Jahrzehnten weltweit drastisch zugenommen und liegt aktuell bei 311 Millionen Tonnen im Jahr. In Westeuropa kommen wir auf einen erschreckenden Pro-Kopf-Verbrauch von 136 Kilogramm im Jahr. Nur ein geringer Teil davon kann überhaupt verwertet und aufwendig aufbereitet werden. Besser ist also, wenn der Müll erst gar nicht entsteht.

Auf die Frage, woher Milena vor drei Jahren mit nur 23 Jahren den Mut genommen hat, einen eigenen Laden zu eröffnen, antwortet sie selbstbewusst:

„Ich wusste einfach, dass es funktioniert." Milena hat mit ihrer Geschäftspartnerin 2014 eine sehr erfolgreiche Crowdfunding-Kampagne gestartet, bei der nach nur einem Tag Laufzeit bereits mehr als 20.000 Euro zusammengekommen waren. Ein Geheimnis des großen Erfolges liegt auch darin, dass Milena wirklich weiß, wovon sie spricht. Sie ist absolut authentisch und lebt selbst, mit der sympathischen Ausnahme von einer Tüte Chips im halben Jahr, konsequent minimalistisch und nach dem Zero-Waste-Prinzip. Und das mit einer Leichtigkeit, die mitreißt und inspiriert. Milena kauft natürlich bei Original Unverpackt ein, Kleidung fast nur secondhand, benutzt Bambus-Toilettenpapier, telefoniert mit dem Fairfone und stellt ihre Zahnpasta, ihr Deo und Putzmittel selber her. Milena erklärt: „Man muss seine eigene Zielgruppe sein. Und die eigenen Ideale leben."

 Unverpackt einkaufen

„Support your local dealer" geht natürlich vor, aber für alle, die keinen Unverpackt-Laden in ihrer Nähe haben, sind folgende Online-Shops zu empfehlen:

Original Unverpackt – Im Online-Shop von OU gibt es die beliebtesten Produkte nun auch zum Bestellen. (shop.original-unverpackt.de)
Monomeer – versendet alles aus den Bereichen Büro, Haushalt und Pflege garantiert ohne Plastik. Hier gibt es auch gute Zero-Waste-Starterpakete. (monomeer.de)
Zerowasteladen – Zero-Waste-Produkte für alle Bereiche des Lebens. (zerowasteladen.de)
Kivanta – Der Shop punktet mit schadstofffreien Alternativprodukten: Trinkflaschen, Becher, Brotdosen sowie Sport- und Spielsachen, Babyartikel und vieles mehr. (kivanta.de)
pure&green – Ein toller Online-Shop mit einer großen Auswahl an wiederverwendbaren Plastikalternativen. (pureandgreen.at)
plasticarian – Der Shop bietet Produkte aus den Bereichen Baby, Aufbewahrung, Trinkflaschen, Haushalt und Geschenkideen. (einfach-ohne-plastik.at)
beechange – Ein nachhaltiger Shop aus Österreich mit Produkten aus den Kategorien Wohnen, Haushalt, Kosmetik und Schenken. (beechange.com)

Bei diesen Ketten gibt es unverpackte Produkte:

Lush – Feste Shampooseifen und andere vegane und palmölfreie Seifen.
Manufactum – „Es gibt sie noch, die guten Dinge" – das Warenhaus für hochwertige Produkte bietet viele unverpackte Waren an, zum Beispiel Körperöle, Gläser, Holzutensilien, Holzzahnbürsten und Zahnpulver.
Oil & Vinegar, Wajos, VOM FASS – Essig, Öl & Spirituosen.
Veganz – Nuss-, Getreide- und Fruchtspezialitäten in Spendern zum Abfüllen.

ACHTSAMKEIT & DANKBARKEIT

Das *Five-Minute Journal* ist eine Art modernes Tagebuch, das uns dabei hilft, uns auf die positiven Dinge im Leben zu fokussieren und Dankbarkeit zu praktizieren. Mit der täglichen Übung trainieren wir unser Gehirn auf die Wertschätzung des Momentes um.

Ein guter Plan ist ein Kalender, der nicht nur dabei hilft, alle Termine im Blick zu behalten, sondern auch dabei, achtsam und bewusst zu leben.

Milena ist mit der Gründung ihres verpackungsfreien Supermarktes Original Unverpackt an die Grenzen ihrer Kräfte gegangen. Vor der Erschöpfung hat sie unter anderem ihr neues Projekt gerettet: *Ein guter Plan*. Der Kalender hilft nicht nur dabei, alle Termine und Aufgaben im Blick zu behalten, sondern erinnert auch im Alltag daran, bewusst und achtsam zu leben.

Tipps und Übungen für mehr Achtsamkeit im Alltag:

Singletasking – Nur eine Sache auf einmal ausführen und diese wirklich bewusst wahrnehmen. Zum Beispiel ein Telefonat mit einem lieben Menschen führen – ohne nebenher noch die Wäsche aufzuhängen.

Me-Time – Mindestens ein Date in der Woche sollte mit uns selbst sein. Dieses Date genauso wie andere Termine in den Kalender eintragen und drauf freuen.

Nichts tun – Ob im Job oder in der Freizeit: Oft hetzen wir von einem Termin zum nächsten, und auch über Social Media sind wir immer vernetzt und entertained. Dabei ist es wichtig, auch mal bewusst absolut gar nichts zu tun. Zum Beispiel aus dem Fenster zu schauen und zu träumen.

Genießen – Mahlzeiten ganz bewusst zubereiten und in Ruhe essen. Jeden Bissen ganz bewusst riechen, kauen und schmecken. Wichtig: Zum Essen immer hinsetzen.

Zuhören – Unser Gegenüber wirklich aussprechen lassen und dabei konzentriert zuhören.

Meditation – Schon fünf Minuten am Tag verändern unsere Wahrnehmung, verbessern die Stimmung nachhaltig, steigern die Konzentration und helfen uns dabei, Abstand zu unseren Gedanken und Gefühlen zu bekommen. Tipps auf Seite 227.

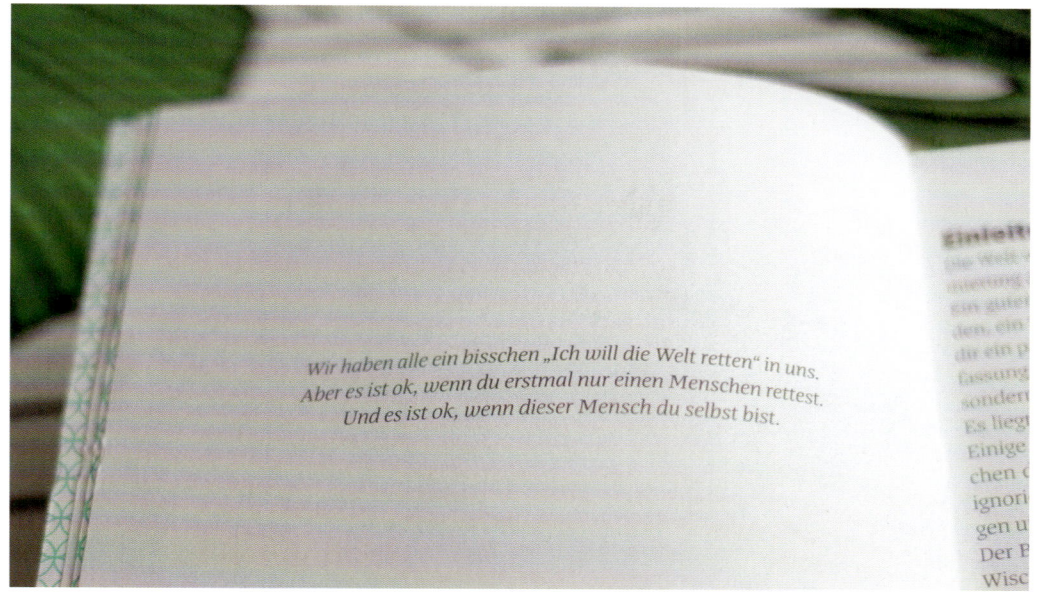

*Wir haben alle ein bisschen „Ich will die Welt retten" in uns.
Aber es ist ok, wenn du erstmal nur einen Menschen rettest.
Und es ist ok, wenn dieser Mensch du selbst bist.*

„Ein voller Terminkalender ist
noch lange kein erfülltes Leben."
– Kurt Tucholsky

Dankbarkeit – Unser Glück und unsere Zufriedenheit hängen weniger davon ab, was um uns herum passiert, sondern davon, wie wir die Dinge betrachten. Oft sind es die kleinen Dinge, die das Leben so wertvoll machen. Übung: Morgens und abends kurz innehalten, reflektieren und aufschreiben, wofür wir dankbar sind.

Wenn wir mit einem aufmerksamen Blick durch die Welt gehen, gelingt es uns oft viel besser, die positiven Dinge um uns herum wahrzunehmen und uns darauf zu fokussieren. Das macht uns nachhaltig glücklicher und zufriedener. Dankbarkeit zu empfinden, können wir jeden Tag in nur fünf Minuten mit einer einfachen Morgen- und Abendroutine trainieren:

Morgenroutine

Nach dem Aufwachen nicht direkt aus dem Bett springen, sondern zu Buch und Stift auf dem Nachttisch greifen und die folgenden Fragen beantworten. Damit richten wir den Blick auf das Positive und legen den Grundstein für einen fokussierten, erfolgreichen Tag.

Für was bin ich dankbar?
Was werde ich tun, um den heutigen Tag großartig zu machen?
Ich bin ... (hier eine positive Affirmation aufschreiben, die motiviert und durch den Tag trägt.)

Abendroutine

Kurz vor dem Einschlafen können wir den Tag noch einmal Revue passieren lassen und uns die folgenden Fragen beantworten. Mit dem Prozess des Reflektierens schaffen wir Ordnung in unserem Kopf und bekommen das gute Gefühl, die positiven Dinge in unserem Leben aktiv kontrollieren und planen zu können.

Welche drei großartigen Dinge sind heute passiert?
Was hätte ich heute noch besser machen können?

Jedes schöne Notizbuch kann zum persönlichen Dankbarkeitstagebuch werden. *The Five Minute Journal: A Happier You in 5 Minutes a Day* gibt es aber auch als fertiges Buch und als App.

Interview

VOM LANDLEBEN LERNEN

Anna Schunck & Marcus Werner / 35 / 35
Journalistin / DOP, Regisseur & Fotograf
Brandenburg

Brandenburg. Das ist nicht etwa der Speckgürtel, der die Hauptstadt umschließt – ganz im Gegenteil. Das Bundesland, über das der Kabarettist Rainald Grebe ein eigenes Lied geschrieben hat, in dem er den Begriff, sich „so ausgebrandenburgt" zu fühlen, kultiviert, leidet unter dem Phänomen der Stadtflucht, darunter, dass es die jungen Menschen in Scharen in die Städte zieht: auf der Suche nach Jobs, der großen Liebe oder einfach nach mehr Abenteuer.

Es gibt aber auch die Gegenbewegung: junge Leute, Stadtkinder wie Anna und Marcus, die aus den Städten wegziehen und hier auf dem Land zwischen Windmühlen und Weiden ihr persönliches Paradies finden.

Der Weg zu dem alten Resthof, den die Journalistin und der Regisseur seit einem Jahr mit fünf Schafen und einer Katze bewohnen, führt von Berlin aus durch Dörfer, die alle ähnlich, aber nicht hässlich aussehen, mit einer kleinen Kirche in der Mitte und wenigen Häusern links und rechts an der Kopfsteinpflasterstraße; noch über ein Stück Landstraße, vorbei an einer Gruppe von Windrädern, dann ist man da – an diesem wunderbaren Ort.

Ein Gespräch über Minimalismus, Nachhaltigkeit und neue Turnschuhe.

Wie ist der Gedanke, aufs Land zu ziehen, entstanden?

Anna: Ich hatte schon immer diese Idee, dass es schön wäre, einen Ort zu haben, an dem man mit allen Freunden zusammen sein kann. Es gab schon früher im Freundeskreis diese Überlegung, raus zu ziehen. Aber ich bin nicht durch die Gegend gerannt mit dem Traum, unbedingt in der nächsten Zeit auf dem Land leben zu wollen. Es war dann am Ende eine total spontane Sache. Als wir dieses Haus gesehen haben, wussten wir, dass wir es machen wollen.

Die Schaukel war ein Geburtstagsgeschenk von Marcus.

Ist das ein Test? Oder ist das Landleben absolut euer Ding?

Marcus: Es ist eine Entwicklung, eine richtig gute Erfahrung, die man vorher nicht gemacht hat. Wir sind beide Stadtkinder, und das jetzt einfach mal zu machen und diese Erfahrung mitzunehmen, ist unheimlich wertvoll.

Anna: Es ist ein Geschenk, dass das geht. Und wir sind uns klar darüber, dass es ein Privileg ist, das machen zu können. Dank Brandenburg und dank der Gesellschaft, in der wir leben, und durch unsere Freiberuflichkeit.

Marcus: Einfach mal zu sagen: „Jo, wir machen das jetzt mal und schauen, wie sich das anfühlt."

Wir gucken einfach, was passiert. Wir schauen jede Woche, wie wir uns hier fühlen – was wir vermissen. Wir lassen es einfach flowen. Dafür sind wir dankbar.

Was vermisst ihr hier?

Anna: Wir sind hier sehr im „Off". Manchmal vermisst man das Feiern. Oder einfach mal irgendwo spontan einen Kaffee trinken gehen zu können. Manchmal haben wir dann große Sehnsucht nach der Stadt.

Wir lieben den sozialen Raum und die Inspiration, die Energie, die es dort, auch durch andere Menschen, gibt.

Bekommt ihr viel Besuch hier draußen?

Marcus: Es könnte noch mehr sein! Wir beide genießen es sehr, wenn Leute hier sind.

Anna (fügt hinzu): Je mehr Leute, desto besser! Dann ist es immer wunderschön.

Wir sagen immer wieder: Kommt einfach und bringt eure Freunde mit. Und bitte noch eine Decke – weil wir nicht so viele haben. Fühlt euch wie zu Hause.

Und dann machen die Leute das auch.

Es gibt keinen, der sagt: „Ihh, Land, da habe ich ja gar keinen Bock drauf." Im Gegenteil.

Ich find's auch ziemlich überwältigend, die Erfahrung zu machen, dass wir jetzt plötzlich „die mit dem Haus auf dem Land" sind. Ich habe es immer total schön gefunden, wenn jemand jemanden kannte – oder später dann, wenn ich selbst jemanden kannte –, der irgendwo draußen etwas besitzt, wo man mal hinkann. Manchmal stehe ich hier ganz ungläubig auf der Wiese und muss erst mal realisieren, dass ich jetzt diejenige bin mit dem Haus auf dem Land…

Wie hat das Landleben euer Verhältnis zu Besitz verändert?

Anna: Ich habe meinen Konsum verändert. An die Stelle von Konsum oder Shopping sind jetzt Aktivitäten gerückt. Es ist uns beiden irgendwann aufgefallen, als wir hier noch voll am Renovieren waren, dass wir total lange nichts mehr gekauft haben, weil wir einfach keine Zeit dazu hatten, weil wir ständig die Hände in der Erde hatten. Marcus hat mich in der ganzen Zeit nur in einer Jeans und zwei T-Shirts gesehen. Mittlerweile kaufe ich gar keine Klamotten mehr. Das hätte ich mir vorher nicht vorstellen können. Es ist mir einfach nicht mehr so wichtig. Ich habe mir eine Shopping-Pause von einem Jahr auferlegt. Wenn ich danach etwas brauchen sollte, würde ich erst mal versuchen, es secondhand zu kaufen. Ich finde, dazu gibt es viele Möglichkeiten, und damit meine ich nicht „Crazy Vintage", sondern zum Beispiel auf Kleiderkreisel oder Flohmärkten in Hamburg oder Berlin tolle Dinge zu finden, mit denen man gut und aktuell aussehen kann. Und das ist mir durchaus wichtig, gut und aktuell auszusehen.

Marcus: Ich habe eine Beobachtung gemacht zwischen Stadt und Land, die ich interessant finde. Das sind die urbanen Codes, die es in der Stadt gibt. Zum Beispiel: Wie krempelst du deine Hose, oder welche Turnschuhe trägst du? Diese ganze Codierung, die in der Stadt sein muss, weil es so viele Leute gibt –

Anna und Marcus haben vor, eigenes Gemüse anzubauen und ein Stück Richtung Selbstversorger zu gehen.

um dich zugehörig zu fühlen, um dich orientieren zu können. Das funktioniert hier draußen einfach nicht. Ich habe in Berlin 20 Paar Schuhe – aber hier laufe ich am liebsten einfach barfuß.

Anna: Ich werde auf jeden Fall immer natürlicher, schminke mich hier kaum. Ich denke, ich habe hier mehr Selbstbewusstsein in Bezug auf die eigene Optik bekommen.

Marcus: Diesen Druck, irgendwelchen Trends zu folgen, obwohl eigentlich alles immer das Gleiche ist, sehe ich jetzt mit ein bisschen Abstand schon fast belustigt – wenn es nicht so ein Drama wäre! Ständig neu – davon kann ich mich mittlerweile so gut distanzieren; ich muss nicht mehr alles mitmachen. Bei Mode gehe ich jetzt zum Beispiel auf All-time Classics: Jeans und weißes T-Shirt. Damit kann man nichts falsch machen. Aber ich kremple die Jeans hoch. Da nehme ich die Codes mit.

Deshalb unterstützen wir auch die Slow-Fashion-Bewegung, die nicht mehr jeden Trend mitmacht, sondern einem vielleicht etwas höherpreisigen Modell von einem lokalen Designer, das wir dann länger und öfter tragen, mehr Stellenwert einräumt. Die Entscheidung, weniger zu kaufen, entstand aus einem Gefühl heraus, dass mir das andere nichts mehr gibt – es langweilt mich.

Anna: Man kann seinen Stil auch zeitgemäß ausdrücken, ohne sich verarschen zu lassen, und mit dem arbeiten, was man schon hat.

Marcus: Hier draußen braucht man andere Dinge und legt auf andere Dinge Wert. Man muss nicht dem letzten Trend folgen.

Welche Idee ist zuerst entstanden, die vom Landleben oder die zu eurem Online-Magazin VIERTEL \ VOR?

Anna: Wir haben uns beide an einem Punkt getroffen, an dem wir zu viel gearbeitet und in kurzer Zeit zu viel erlebt haben. Wir hatten einfach eine Pause nötig. In dieser Pause ist die Idee mit dem Hof entstanden und kurz danach die Idee zu dem Online-Magazin. Marcus hat irgendwann den schönen Satz gesagt, dass es neue Vorbilder braucht. Da wussten wir, dass wir diese Vorbilder featuren wollen. Wir wollen Menschen nach vorne bringen, die einen neuen Weg gehen: Leute, die zum Beispiel Slow Fashion machen, die ökologische Landwirtschaft oder erneuerbare Energien vorantreiben. Leute, die wissen, wie es geht, und die uns das erklären können. Unsere Zielgruppe sind Stadtkids, die Bock auf ein besseres Bewusstsein haben. Deshalb sagen wir auf unserer Seite auch, dass wir mit

unseren Lesern lernen wollen. Und das meinen wir auch wirklich so. Wir wollen Menschen nach vorne bringen, die einen neuen Weg gehen.

Welche Rolle spielt das Selbermachen?

Marcus: Ich bin sehr kritisch geworden gegenüber Unternehmen und Produkten und schaue mir die Inhaltsstoffe genau an. Im nächsten Jahr möchte ich auch Gemüse selber anbauen und lernen, wie das geht. Neue Dinge selberzumachen, gibt mir mehr, als etwas zu kaufen. Wir können immer alles konsumieren, zu jeder Zeit und von zehn verschiedenen Firmen. Wir haben den Bezug verloren. Ich möchte sehen, wie lange die Tomate wirklich braucht, um zu wachsen. Und diese eine Tomate dann auch wirklich wertschätzen.

Anna: Es wäre ein schönes Ziel, in Richtung Selbstversorger zu gehen. Das war auch ein Grund, in dieses Haus zu ziehen. Um eines Tages vielleicht ein Stück weit unabhängiger zu werden. Wenn man anfängt, Produkte selberzumachen, fällt einem auf, wie günstig, simpel und einfach das ist und dass die Preise im Supermarkt dafür oft gar nicht gerechtfertigt sind und nur durch Werbung und Packaging zustande kommen.

„Wir wollen
Menschen nach
vorne bringen,
die einen neuen
Weg gehen."

„Tiere sind meine Freunde, und ich esse meine Freunde nicht."
– George Bernard Shaw

Entsteht gerade ein neues Bewusstsein?

Anna: Ja, zum Glück! Ganz ähnlich wie wir suchen viele Menschen wieder nach mehr Ruhe und Ursprünglichkeit, und Bio-Produkte schaffen es in konventionelle Drogerien oder Supermärkte. Das ist ein guter Anfang. Das wirkliche Bewusstsein hat jetzt eine gute Chance zu folgen.

Marcus: Wir fragen immer: Wo kommen die Teile her? Ein Plastiklöffel zum Beispiel. Du nimmst ihn und rührst damit einmal deinen Kaffee um. Aber wenn du wissen würdest, wie die Prozesse funktionieren und was es bedeutet, wenn du dich für diesen Plastiklöffel entscheidest – der aus Erdöl hergestellt ist –, dann würdest du wahrscheinlich einen Metalllöffel nehmen.

Anna: Oder deinen kleinen Finger in die Tasse stecken, umrühren und ablecken – entgegen deiner guten Erziehung. Der Müll ist ja nicht weg, der ist nur woanders.

Marcus: Nachhaltigkeit fängt ja viel weiter vorne an: bei der Überlegung, ein Produkt überhaupt zu kaufen oder zu schauen: Kann ich es nicht auch leihen? Muss ich es konsumieren? Und da sind wir bei dem grundsätzlichen Problem der Nachhaltigkeit: Konsum und Kapitalismus. Wir müssen wachsen, sonst bricht das System zusammen.

Anna: Jetzt kommt der traurige Teil.

Marcus: Auch der Minimalismus steht dem ja extrem entgegen. Wenn wir uns dem Konsum verweigern und nicht immer das neue Paar Sneaker kaufen, sind wir aktive Revoluzzer und arbeiten gegen das System. Wir müssen das gute Vorbild sein. Wir verlagern schließlich unseren CO_2-Ausstoß nur dorthin, wo für uns produziert wird.

Anna: Nachhaltigkeit und Minimalismus dürfen mit Genuss, Freude und einem gewissen Zeitgeist-Verständnis stattfinden. Ich finde es ganz wichtig, dass man dabei die gute Laune behält. Deswegen heißt unsere Seite auch *VIERTEL \ VOR*. Wir haben noch diese Viertelstunde, und da können wir noch viele Sachen machen, wir sind da bei einem halbvollen Glas.

 Buchtipp von Anna und Marcus:

Selbst denken – Eine Anleitung zum Widerstand. Von Harald Welzer.

„Wir brauchen keine neuen Konzepte – wir brauchen alte Rezepte!"

Do it yourself

SAUBER WASCHEN

FLÜSSIGES WASCHMITTEL À LA ANNA

Herkömmliche Waschmittel sind oft portemonnaie-, haut- und umweltschädlich.
Dieses flüssige Waschmittel ist günstig, biologisch und wäscht wirklich richtig schön sauber.

Zutaten

1 Liter Wasser

20 g Kernseife
(aus Olivenöl, zum Beispiel
von Patounis)

5–10 Tropfen ätherisches Öl
(zum Beispiel Lavendelöl von
Primavera)

5 EL Natron
(alternativ 4 EL Waschsoda)

So einfach geht's

Das Wasser aufkochen, die Kernseife raspeln und die
Seifenflocken mit dem ätherischen Öl dazugeben. Mit einem
Schneebesen rühren, bis sich die gesamte Seife aufgelöst hat.
Wenn die Mischung abgekühlt ist, das Natron hinzugeben und
verrühren. In einem Glas aufbewahren und für jeden Wasch-
gang je nach Verschmutzung der Wäsche 2 bis 4 Löffel in das
Waschmittelfach geben.

TINY HOUSE!

Es gibt Meetings, die nach kaltem Kaffee schmecken, und Begegnungen, die das ganze Leben verändern. Das Aufeinandertreffen von Theresa Steininger und Christian Frantal ist so eine Begegnung, die aus einer Vision ein Wohnmodell für die Zukunft hat werden lassen.

Aber ganz auf Anfang: Theresa hatte eine kleine Werbeagentur in Wien, und Christian war einer ihrer Kunden. Am Rande eines Meetings hat er Theresa von seiner Idee vom autarken Wohnen erzählt. Theresa war sofort Feuer und Flamme und der erste große Fan des Konzepts. Das war rückblickend die Geburtsstunde des Wohnwaggons. Mittlerweile wurde der 15. Wohnwaggon gebaut, und das Interesse ist so groß, dass das Team die Nachfragen kaum bedienen kann und es schon Wartelisten gibt.

Wohnwaggon, das ist für Theresa und das zehnköpfige Team weitaus mehr als eine Firma oder ein Produkt. Es ist für die Österreicher ein politisches und philosophisches Statement: Weniger ist mehr! „Wir haben uns die Frage gestellt, wie Wohnen in der Zukunft ausschauen kann und wie es bei dem ganzen Wahnsinn, der in der Welt los ist, wie etwa Klimawandel, Ressourcenverschwendung, möglich wäre, ein gutes Leben für alle zu ermöglichen – im Einklang mit der Natur." Das Team von Wohnwaggon ist überzeugt, dass das geht, aber dass es mutige und neue Wege braucht. In den letzten Jahrzehnten gab es eine verrückte Entwicklung bei den durchschnittlichen Haushalten. Einerseits ist die Haushaltsgröße von ca. vier bis fünf Bewohnern auf ein bis zwei Bewohner geschrumpft. Auf der anderen Seite aber hat sich der Wohnraum pro Bewohner in den letzten 30 Jahren verdoppelt.

„Wir haben den Wohnwaggon als ein Statement entwickelt, um zu zeigen: Schau, so ist es auch möglich", erklärt Theresa.

Theresa Steininger / 26
Geschäftsführerin
Wien, 6. Bezirk

Der Wohnwaggon, das sind 25 Quadratmeter natürlicher, autarker Wohnraum. Im Wagen kann man sich komplett selbst versorgen, mit eigener Grünkläranlage, Bio-Toilette und Zentralheizung. „Du hast im Wohnwaggon ganz normalen Komfort. Brauchst aber keine externen Anschlüsse. Der Wohnwaggon ist im Prinzip das perfekte Zuhause für Minimalisten", erzählt Theresa lachend. „Aber auch für alle anderen Menschen, die sich frei machen wollen, sich reduzieren möchten." Zu den Kunden zählen Leute mit den unterschiedlichsten Hintergründen: Singles, Paare, junge Familien oder ältere Personen, denen ihr Haus zu groß wird, die sich nicht mehr um so viel Wohnfläche kümmern

wollen und sich wieder Ruhe und Klarheit durch das einfache, reduzierte Wohnen wünschen.

Oder es sind Menschen, die sich in der komplexen Welt von heute, in der permanent auf allen Kanälen so wahnsinnig viel los ist, nicht mehr wohlfühlen. Viele haben den Bezug zu den vielen Dingen, die sie umgeben, verloren. Das beginnt bei der achtlos ausgewählten Garderobe und endet beim Essen, das oft nur zwischen Tür und Angel in Eile eingenommen wird. Der Wert jedes einzelnen Stücks ist reduziert und wird nicht mehr richtig geschätzt. Der Wohnwaggon und das darin auf die wichtigen Dinge reduzierte Leben wirkt dem entgegen. Im Rückzug

Auf dem Dach des Wohnwaggons befindet sich die Grünkläranlage.

„Der Wohnwaggon ist ein politisches und philosophisches Statement: Weniger ist mehr!"

Der Wohnwaggon, das sind 25 Quadratmeter natürlicher, autarker Wohnraum. Im Wagen kann man sich komplett selbst versorgen, mit eigener Grünkläranlage, Bio-Toilette und Zentralheizung.

auf das Wesentliche steckt für viele eine große Kraft, wieder Bedeutung und Sinn zu finden.

Für Theresa bringt Minimalismus in erster Linie eine Menge Freiheit mit sich. Denn ein minimalistischer Lebensstil bedeutet, einfach weniger Verpflichtungen zu haben. Aber die ultimative Freiheit bringt für Theresa erst die Autarkie mit sich: zu wissen, dass man wenig braucht und dass man sich die wenigen Dinge, die man braucht, selbst organisieren kann, um grundsätzlich im ganzen Tun und Handeln weniger beschränkt zu sein. Die Autarkie, wie sie im Wohnwaggon möglich ist, bietet für Theresa einfach viele gute Lösungsansätze zu den Themen Freiheit und nachhaltiges, unabhängiges Leben.

Theresa selbst wohnt aktuell zwar noch nicht im Wohnwaggon, aber stellt sich mental schon auf den nahenden Umzug ein. „Ich habe nur noch sehr wenige Dinge. Meine Lederjacke habe ich fast immer an: Sommer wie Winter. Und ich habe eine Uhr, die bedeutet mir wahnsinnig viel. Ansonsten teile ich sehr viel und hole mir viel positiven Input über Gemeinschaft und Kooperationen in mein Leben anstatt über Besitz und Konsum. Über diesen Minimalismus bekommen die Dinge einfach wieder mehr Wert."

Jeder Waggon wird individuell und von Hand gefertigt. Dabei werden nach Möglichkeit nur nachhaltige Rohstoffe aus der Region verwendet. Die Ressourcen werden mit Sorgfalt, Respekt und Fachwissen behandelt. So stammt ein großer Teil des Materials für den Holzaufbau des Wohnwaggons zum Beispiel aus einem regionalen Sägewerk, das Holz aus dem Umkreis von 30 Kilometern verwendet. Die Schafwollteppiche für den Innenraum werden auf einem alten Bauernhof im Waldviertel in Handarbeit geknüpft. Das nächste große Projekt steht auch schon an. Demnächst möchte Theresa privat und mit ihrer ganzen Firma gemeinsam in Wohnwaggons ziehen.

 Magazin-Tipp:

Oskar, das Magazin des Wohnwaggon-Teams zum nachhaltigen, kleinen, autarken Wohnen.

 Buchtipp:

Walden – Ein Leben mit der Natur. Von Henry David Thoreau.
1845, mit 28 Jahren, zieht sich der Autor an den Walden-See in den einsamen Wäldern von Massachusetts zurück, um fern aller Zivilisation ein Leben im Einklang mit der Natur zu erproben. Der Bericht seines radikalen Selbstexperiments ist ein Klassiker des alternativen Lebens geworden.

HEUTE HIER – MORGEN DORT!

Simon Stark / 40
Weltenbummler
Berlin-Rummelsburg

Es gehört ein bisschen Glück dazu, den richtigen Schamanen zu finden – denn es gibt viele Scharlatane da draußen. Simon hatte Glück. Er ist nach Peru gereist und hat dort im Regenwald des Amazonas eine traditionelle, rituelle Ayahuasca-Zeremonie erlebt, die von sehr erfahrenen Schamanen begleitet wurde. Die Schamanen der indigenen Völker kochen seit Tausenden von Jahren aus den Blättern der Kaffeestrauchpflanze und einer Liane einen psychedelisch wirkenden Pflanzensud und verabreichen den bitter-faulig-süßlich schmeckenden Trank im Rahmen ritueller Handlungen. Ayahuasca wird zur Behandlung von Krankheiten eingesetzt und kann Visionen auslösen, die als bewusstseinserweiternd wahrgenommen werden. Die indigenen Völker glauben, in diesem Zustand Geister oder Ahnen treffen oder in die Zukunft blicken zu können. Die Zeremonie wird als ein reinigender Prozess für Körper und Geist erlebt. Simon hat den Sud während einer solchen Zeremonie im tiefen Regenwald getrunken und war danach ungefähr acht Stunden in einem Trance-Zustand. „Ich hatte Halluzinationen. Während der gesamten – scheinbar endlosen – Zeremonie singen und tanzen die Schamanen die ganze Zeit und spucken dich an", erklärt Simon.

Diese besondere bewusstseinserweiternde Erfahrung hat ihn nachhaltig geprägt und verändert. Seit der Reise nach Peru ist nichts mehr, wie es vorher war. Eine vorher so nicht gekannte Leichtigkeit hat Einzug in sein Leben gehalten, und viele Dinge nehmen ganz ohne Anstrengung ihren Lauf. Simon hat sich eine Auszeit von allem genommen und reist

Auf dem Hausboot verschmelzen Design und
Natur ganz selbstverständlich miteinander.

seitdem nur noch mit einem Koffer und einem Rucksack um die Welt. Er besucht alle Orte, zu denen er sich auf magische Art und Weise hingezogen fühlt.

Einer dieser Orte ist Berlin. Vor zehn Jahren war Simon schon mal beruflich ein halbes Jahr in der Hauptstadt. Damals ist er als Unternehmensberater nur zwischen dem Hotel und dem Büro gependelt und hat gar nichts von der Stadt gesehen. Simon hatte schon immer den Traum, einmal auf einem Hausboot zu leben. Als er das moderne Hausboot in der Rummelsburger Bucht im Internet gefunden hat, ging alles ganz schnell: „Es war Liebe auf den ersten Blick. Ich finde es einfach so schön, hier mitten in der Natur zu sein – aber auch in 15 Minuten mit dem Rad in der Stadt", erzählt Simon. In den lauen Sommernächten hat Simon hier auch schon draußen auf der Terrasse geschlafen. Und wenn es kühler wird, sorgt der Bollerofen im Hausboot für Wärme und knisternde Gemütlichkeit.

Seit zwei Jahren ist Simon nun schon auf Reisen. Wenn man die Stationen mit Linien auf einer Karte nachziehen würde, würde sich ein eigenartiges Muster ergeben: Von den Gili-Inseln beginnend durchkreuzte er in einer Silvesternacht auf dem Weg nach Europa im Flugzeug sieben Zeitzonen. Dann ging es nach Peru, auf den Machu Picchu, ins Heilige Tal der Inka, wieder zurück nach Europa. Den Winter hat Simon dann in einem Zen-Kloster in Japan verbracht. „Das war hart – ohne Heizung und warmes Wasser." Dann ging es nach Los Angeles, von dort weiter nach Bali, und nun steht Berlin auf dem Plan. Doch die nächsten Stationen sind schon geplant. Auf der Liste befindet sich Island. Dort will Simon die Polarlichter sehen. Dann

Mit dem Kanu erkundet
Simon die Umgebung.

ruft Mexiko zum Festival „Día de los Muertos", dem Tag der Toten. Danach möchte Simon einen Monat nach Buenos Aires – um dort Tango tanzen zu lernen. Im Anschluss will er noch mal nach Peru zurückkehren. Das sind so seine groben Pläne. Aber das eigentliche Ziel der Reise ist das Reisen selbst. Simon möchte sich eine Auszeit von allem nehmen.

Mit leichtem Gepäck zu reisen und nur noch wenig zu besitzen, war für Simon ein Prozess. Vor vielen Jahren hat er damit auf dem Jakobsweg begonnen. Durch die Erfahrung beim Pilgern, seinen Besitz auf dem Rücken zu tragen, hat Simon begriffen und gefühlt, wie befreiend es ist, wenn man nicht viel braucht. Das ganze Zeug, das da zu Hause in Kisten, Regalen und Schränken liegt, hat er die ganze Reise über keinen Moment vermisst. Nach dem Jakobsweg hat Simon begonnen, radikal auszusortieren und Sachen zu verschenken. „Es hat gutgetan zu sehen, wie die Leute sich über die Dinge gefreut haben – dass die Dinge für andere einen Zweck haben." Heute besitzt er neben seinem Reisegepäck nur noch ein paar sentimentale Gegenstände wie Fotoalben und Briefe, die bei seiner Mutter in Wien untergebracht sind.

Simons Konsumverhalten hat sich verändert. „Wenn du glücklich bist, brauchst du das alles nicht mehr. Diesen kurzen Kick, den man verspürt, wenn man etwas Neues kauft." Beim Downsizen ist Simon nicht dogmatisch vorgegangen, er mag keine Regeln, hat sich nicht auf Ratgeber und Blogs verlassen und sich nicht bewusst auf eine bestimmte Anzahl von Besitztümern festgelegt. Vielmehr hat er in sich hineingehorcht, was sich für ihn richtig anfühlt. Er ist sehr intuitiv vorgegangen.

Simon fühlt sich im Moment sehr frei – so ohne einen festen Wohnsitz. „Für immer könnte ich mir im Moment nichts vorstellen – ich move gerne." Ein Modell, das er sich für die Zukunft vielleicht vorstellen könnte, wäre, irgendwo mit Freunden eine Home-Base zu schaffen, von der aus er weiter reisen kann. Vielleicht in Portugal. Dort mag er die Menschen, das Essen und die Lebenseinstellung. Oder in Berlin. Die Stadt hat es ihm angetan. „Berlin hat einfach einen unglaublich kreativen Vibe, viele coole, durchgeknallte Leute. Es ist ein Magnet für Verrückte. Aber meine Erfahrungen mit den Menschen hier waren nur positiv: offen, warmherzig, freundlich und trotzdem individuell. Du kannst hier so sein, wie du möchtest, ohne ständig beurteilt zu werden. Ohne in eine Schublade gesteckt zu werden. Das hat mich überrascht." Simon hat sich in die Stadt verliebt. Er hat in kurzer Zeit viele verschiedene Leute kennengelernt und fühlt sich hier zu Hause – bis es ihn weiterzieht.

MEDITATION FÜR EINEN AUFGERÄUMTEN KOPF UND GEIST

Seit Tausenden von Jahren beziehen Menschen Ruhe, Kraft und Energie aus der Meditation. Die Übungen für den Geist können uns dabei helfen, zu fokussieren, eine neue Klarheit und Abstand zu unseren Gedanken zu bekommen. Wer regel-mäßig meditiert, profitiert von einer ganzen Reihe von Vorteilen: Meditation reduziert nachweislich Stress und hilft gegen Unruhezustände, sie fördert die Kreativität, verändert das Gehirn positiv und ver-bessert den Schlaf.

Und die gute Nachricht ist: Jeder kann die Tech-nik lernen und für sich nutzen. Wir unterscheiden zwischen verschiedenen Formen von Meditation: der passiven und der aktiven. Mit nur wenigen Mi-nuten am Tag lässt sich zum Beispiel eine kleine, effektive Gehmeditation in den Alltag integrieren. Dafür zum Beispiel einfach eine U-Bahn-Station früher als gewohnt aussteigen und den zusätzli-chen Weg ganz bewusst und achtsam gehen. Die Füße nacheinander abrollen und spüren, wie sich jeder Schritt heute in der Umgebung und in dem Moment anfühlt, dazu ganz gezielt auf die Atmung konzentrieren. Der Zen-Meister Thich Nhat Hanh lädt in seinem Buch zur Gehmeditation dazu ein, dass wir uns bei jedem Schritt vorstellen, dass an der Stelle, an der wir den Boden berührt haben, Blumen wachsen.

Passive Meditationen, wie Simon sie gerne in den frü-hen Morgenstunden auf der Terrasse des Hausboo-tes praktiziert, können gut zu Hause oder im Grünen gehalten werden. Dazu eine entspannte Sitzposi-tion einnehmen, die Augen schließen und auf die Atmung konzentrieren. Wenn Gedanken kommen, diese einfach beobachten und ziehen lassen – wie Wolken am Himmel. Die wertfreie Beobachtung un-serer Gedanken und Gefühle hilft uns dabei, diese besser einzuordnen und zu verstehen. Wir können typische Gedankenmuster plötzlich erkennen, stop-pen und auflösen. Die dadurch entstehende Klarheit und Souveränität beschreibt der Neurologe und Psy-chiater Viktor E. Frankl folgendermaßen: „Zwischen Reiz und Reaktion liegt ein Raum. In diesem Raum liegen unsere Freiheit und die Möglichkeit, unsere Antwort zu wählen. In unserer Antwort liegen unser Wachstum und unsere Freiheit."

📱 **App-Tipp:**

Einen guten Einstieg geben auch geführte Me-ditationen in Form von Kursen, Programmen oder Apps:

Headspace – bietet schöne geführte Meditatio-nen für unterschiedliche Level.

Seven Mind – In der deutschen Version ist der Klang des Gongs, der die individuelle Medita-tion einleitet und beendet, besonders schön.

Simon meditiert gerne in den frühen Morgenstunden auf der Terrasse des Hausbootes.

Porträt

WAS
WIRKLICH
WICHTIG
IST

Madeleine betreibt mit *Dariadaria* einen der erfolgreichsten und reichweitenstärksten Blogs Österreichs. Bis vor drei Jahren ging es auf dem Blog noch hauptsächlich um Mode und Outfit-Posts. Dann kam der Wandel: von Fast Fashion zu Themen wie Slow Fashion, vegane Ernährung, Nachhaltigkeit, Zero Waste und Minimalismus.

Madeleine hat sich schon immer für sozioökonomische Themen interessiert. Seit sie 16 Jahre alt ist, arbeitet sie freiwillig für Vereine und NGOs. Kurzzeitig studierte sie auch Politikwissenschaften und Ethnologie. Als sie 2010 mit dem Bloggen anfing, war der Blog ein Hobby und es war nicht abzusehen, welche Ausmaße dieses Hobby annehmen würde. Drei Jahre später war der Blog ein Fulltime-Job, und mit der Reichweite kam die Verantwortung: „Mir wurde dann bewusst, dass es eigentlich überhaupt nicht vertretbar ist, sich sozial zu engagieren und dann H&M und Co zu bewerben – also habe ich mich komplett neu orientiert und umgestellt", erzählt Madeleine. Das i-Tüpfelchen, das das Fass zum Überlaufen gebracht hat, war die ZDF-Doku *Gift auf unserer Haut,* in der es um Ledergerber in Bangladesch geht.

Konsequent hat Madeleine sich von allen Kooperationspartnern getrennt, die nicht in ihr neues Konzept und zu ihren neuen Werten gepasst haben. Sie stellte sich schon darauf ein, bald einen Job suchen zu müssen, weil sie davon ausging, kein Geld mehr mit dem Blog zu verdienen. Sie dachte: „Das ist so eine Nische, das werden nicht allzu viele lesen" – doch das Gegenteil ist eingetreten, und darüber ist Madeleine überglücklich. Der Großteil der Leserinnen und Leser hat positiv, unterstützend und mit großem Interesse auf die neuen Themen reagiert. Einige wenige Ausnahmen sind weitergezogen, dafür sind viele neue Leser dazugekommen, die genau nach diesen Themen gesucht haben. Die neue Zielgruppe ist vielleicht ein bisschen reifer und kritischer, aber auf jeden Fall sehr aktiv und am konstruktiven Austausch interessiert.

Madeleine Alizadeh / 26
Influencerin
Wien

Madeleine assistiert dem Tierarzt Dr. Ovidiu Rosu bei einem
Einsatz der Tierschutzorganisation Vier Pfoten in Gaza.

Leicht Reisen: Madeleine verreist fast
immer nur mit Handgepäck.

Wann immer es möglich ist, reist Madeleine mit dem Zug – auch lange Strecken.

„Mein Beitrag über meine No-Poo-Haarroutine mit Roggenmehl ist zum Beispiel einer der meistgelesenen Artikel des Blogs – dazu habe ich tonnenweise Fragen und Kommentare erhalten", berichtet Madeleine. Und auch nachhaltige, ökologische und faire Marken, die zu der neuen Ausrichtung des Blogs passen, sind auf Madeleines authentische Arbeit aufmerksam geworden und arbeiten gerne mit ihr zusammen.

Das selbständige, ortsunabhängige Arbeiten bedeutet für Madeleine in erster Linie Freiheit: die Freiheit, unabhängig zu entscheiden, welche Projekte sie machen möchte, wo auf der Welt sie arbeiten möchte und worüber sie schreiben möchte. Das Thema Minimalismus spielt für Madeleine dabei eine große Rolle. „So banal es auch klingt, es bedeutet für mich: Weniger ist mehr. Weniger Zeug, weniger Sorgen, mehr Zeit, mehr Freude, mehr Glück."

Madeleine lebt in fast allen Lebensbereichen minimalistisch. Mit vielen kleinen und großen Schritten nähert sie sich einem Zero-Waste-Lifestyle und hat ihren Müll bereits um über 70 Prozent reduziert. Vor allem bei der Kleidung, dem Reisen und beim Abfall achtet sie besonders darauf, und es fällt ihr leicht. Kleidung kauft sie bevorzugt secondhand, Obst und Gemüse auf dem Markt und Lebensmittel lose und unverpackt, der Refill-Becher und die eigene Trinkflasche sind immer mit dabei. Maddie benutzt nur noch Stofftaschentücher und -servietten – das spart auch die Papiertüte für ein spontanes Kipferl auf die Hand. Im Restaurant bestellt sie Papierservietten und Strohhalm vorher ab, sie fotografiert Visitenkarten und Flyer mit dem Handy ab, statt das Papier anzunehmen, und setzt beim Reisen auf mobile Boardingpässe beziehungsweise auf E-Tickets bei Zugreisen. Wenn es im Café oder in öffentlichen Toiletten nur Papierhandtücher gibt, wischt Maddie sich die Hände lieber beherzt

„Weniger Besitz bedeutet
mehr Zeit für die Dinge,
die wirklich wichtig sind."

an der Hose in den Kniekehlen trocken – sieht man nicht und trocknet schnell. Es sind eben die kleinen Schritte und Veränderungen im Alltag, die den Unterschied machen. Ihre Beziehung zu Besitz hat sich grundsätzlich stark verändert, seitdem sie reduzierter lebt. Inzwischen bindet sie sich nicht mehr emotional an Besitz und trennt sich viel einfacher davon als früher.

Der Minimalismus hat Madeleine auch geholfen, achtsamer mit ihrer Zeit umzugehen und stärker zu fokussieren. „Wir alle haben nie Zeit, das ist die Krankheit der Millennials", stellt Madeleine fest. Gerade deshalb, weil Zeit so wertvoll ist, versucht Madeleine, sie nicht mit Dingen zu verbringen, die sie nicht gerne tut: „Wer mehr besitzt, muss mehr Zeit aufwenden, um diese Dinge zu pflegen, zu reparieren, zu ersetzen und so weiter. Weniger Besitz bedeutet also, mehr Zeit zu haben für die Dinge, die wirklich wichtig sind." Und das tut Madeleine auch: Sie liebt es, zu reisen und neue Dinge zu lernen, und sie engagiert sich für Menschen, Tiere und die Umwelt. Mit der Tierschutzorganisation Vier Pfoten ist Madeleine in diesem Jahr zum Beispiel nach

Gaza geflogen, um Tiere aus einem Zoo zu befreien, der als „der grausamste Zoo der Welt" bekannt ist. In Traiskirchen, vor ihrer Haustür, engagiert sie sich für Flüchtlinge. Ihr Antrieb dabei ist: „Ich möchte das, was mir am wichtigsten ist, beschützen." Und das Schicksal von Tieren oder Menschen liegt ihr sehr viel mehr am Herzen als materiellen Besitztümer.

Madeleine möchte bewusst und verantwortungsvoll mit ihrer Rolle als Mensch umgehen. Ihr ist es wichtig, jungen Menschen zu zeigen, dass Nachhaltigkeit, bewusstes Verhalten und soziales Engagement cooler sind als blinder Konsum. „Ich will, dass es cool ist, mit einem Mehrwegbecher rumzulaufen, und dass es uncool wird, mit einer Plastiktüte gesehen zu werden. Und ich wünsche mir, dass es cool wird, sich zu engagieren!"

📖 Buchtipp von Madeleine:

Ich bin raus – Wege aus der Arbeit, dem Konsum und der Verzweiflung. Von Robert Wringham.

SEA
YOU
SOON

MINIMALISMUS, MEDIEN & ADRESSEN

 Filmtipp:

Joshua Fields Millburn und Ryan Nicodemus sind als „The Minimalists" bekannt, ihr Film *Minimalism – A Documentary About the Important Things* ist auf Netflix erhältlich oder über: theminimalists.com

 Youtuber:

Daniel Frerix – teilt seine klugen und anregenden Gedanken zum Thema Minimalismus in kurzen Videos mit einer hochwertigen Ästhetik.
Minimal Mimi – Mimi erzählt wunderbar ruhig und besonnen von ihren Erfahrungen mit ihrem minimalistischen Lifestyle und Zero Waste.
Moin Yaminah – beschäftigt sich unter anderem mit den Themen minimalistischer Kleiderschrank oder Clean Eating und reist nur mit Handgepäck um die Welt.

Diie Jule, Francis goes Minimalist, ItsColeslaw, Lisa's Lab, Max Green, Momentaufnahme, Olgisssimo, Pia Kraftfutter, Robert Gladitz, Silke Leopold, travel run play, Typisch Sissi, vegan power girl

 Internationale Youtuber:

Light by Coco – Coco ist eine der beliebtesten internationalen Minimalismus-Youtuberinnen. Sie berichtet auf ihrem Kanal zum Beispiel über ihre Capsule Wardrobe, gibt Tipps zum Ausmisten und erklärt ihr minimalistisches Zuhause mit einer ausführlichen Room-Tour.
Rachel Aust – Ihr schlichter, monochromer Stil in Sachen Mode und Interieur ist für viele eine große Inspiration.
Jenny Mustard – Das Motto auf Jennys Kanal lautet: „a maximal life for the minimalist".

Eco Boots, Femme Head, Lias Loft, Maximizing Minimalism, Melissa Alexandria, My Green Closet, Samantha Lindsey, Sugar Mamma, The Anna Edit, The Minimalist Ninja

 Blogger:

Achtsame-Lebenskunst.de
Apfelmädchen.de
Digitaler-Minimalismus.de
einfachbewusst.de
flussabwaerts.de
fraumomosminimalismus.ch
genughaben.de
Julia Koch/thisisjanewayne.de
malmini.de
mamadenkt.de
minimalismus-leben.de
minimalismus-tipps.de
Minimalismus21.de
Minimalisten.org
Minimalistenfreun.de
minimalkonzept.de
minime.life
mrminimalist.com
mymonk.de
schlichtheit.com
selbst-management.biz
simplizist.de
sina-jasur.de
schwingelschwingeldingdong.com
wenigreichtauch.de

Minimalismus-Stammtisch.de – Termine für Stammtische im deutschsprachigen Raum

 Netztipps für alle, die sich für grünen Minimalismus interessieren:

Utopia (utopia.de)
Smarticular (smarticular.net)
re:Blog (otto.de/reblog)
Ecowoman (ecowoman.de)
Enorm (enorm-magazin.de)
Noveaux (noveaux-mag.com)

Unverpackt einkaufen in Deutschland:

Augsburg: Rutantur Unverpackt Augsburg
Berlin-Kreuzberg: Original Unverpackt
Bielefeld: Bioladen Möhre
Bochum: Tofuhaus
Braunschweig: Wunderbar Unverpackt
Bremen: Kolonialwaren Holtdorf 1874, SelFair
Darmstadt: Unverpackt Darmstadt
Dresden: Lose
Erfurt: Luise genießt
Essen: Bio Basic, Wajos
Flensburg: Der Büddel
Freiburg: Glaskiste – natürlich unverpackt
Freising: Bioladen Lebenskunst
Hamburg: Bio.lose, Erdkorn, Stückgut,
Wohlempfinden Pur und Twelve Monkeys
Hannover: Calenberger Bioladen
Heidelberg: Annas Unverpacktes
Karlsruhe: Unverpackt
Kiel: Unverpackt Kiel
Köln: Tante Olga
Leipzig: Echt Unverpackt, Einfach Unverpackt
Lüneburg: Plietsch. Natürlich Unverpackt
Mainz: Unverpackt Mainz
Mönchengladbach: Tante Lemi
München: OHNE – Der verpackungsfreie Super-
markt, Naturlieferant – plastikfreie Zone
Münster: Einzelhandel zum Wohlfühlen,
natürlich unverpackt
Nürnberg: Zero Hero
Osnabrück: Tara
Recklinghausen: Tante Trine
Regensburg: Füllgut
Röbel: Müritz Unverpackt
Schwäbisch Gmünd: Regional und unverpackt
Saarbrücken: Mutter Erde Naturkost, Unver-
packt Saar
Stuttgart: Schüttgut
Trier: Unverpackt Trier
Wiesbaden: Fairpackt, Bio Unverpackt
Witten: Füllbar

 Unverpackt einkaufen in Österreich:

Graz: Das Gramm
Innsbruck: Liebe & Lose
Sierning: Sierninger Kerndlgreisslerei
Vorarlberg: Frida Bio
Wien: Der Greißler, Lunzers Maßgreißlerei
Villach: UniKorn

 Unverpackt einkaufen in der Schweiz und in Südtirol:

Biel: La Portion Magique
Crissier: Magasin Bio de Bois Genoud
Lugano: Negozio Leggero
Schaffhausen: little shop of ethics
Sion: Che Mamie Bio-Vrac
Vevey: Boutique Quinte & Sens
Winterthur: Rägeboge Biomarkt
Zürich: BachserMärkt Kalkbreite, Chornlade
Idaplatz & Limmatplatz, Mühlbach
Südtirol: Purnatur

 Deutschsprachige Zero-Waste-Blogs:

Alternulltiv – Zero Waste Hamburg: Erdmuthe
Kriener und Vanessa Riechmann haben ihr
Zero-Waste-Experiment im Sommer 2015
begonnen und sind nach wie vor begeistert
dabei. (alternulltivhamburg.blogspot.de)
Einfach Zero Waste leben!
Plantbase
Simply Zero
Wasteland Rebel
Weniger Abfall
Weniger ist mehr Leben
Zero Waste Familie
Zero Waste Lifestyle
Zero Waste München

 Tipp:

Shia Su pflegt auf ihrem Blog *Wasteland Rebel*
eine umfangreiche Liste mit allen Geschäften,
in denen unverpackt eingekauft werden kann.
Die Läden werden auf wastelandrebel.com auch
auf einer praktischen Karte und mit Suchfunk-
tion dargestellt.

LINA JACHMANN

Lina Jachmann ist Kreativdirektorin und Autorin. Die gebürtige Hamburgerin lebt und arbeitet in Berlin und beschäftigt sich seit vielen Jahren mit den Themen Lifestyle und Zeitgeist. Ihr Interesse gilt besonders dem nachhaltigen Minimalismus. In „Einfach leben" stellt sie einen minimalistischen Lifestyle vor, von dem alle profitieren: der Einzelne, die Mitmenschen und die Umwelt.

DANKE

Urs, Heike, Heinz und Jan Thorben.

Ein besonderer Dank geht an die vielen interessanten
Menschen, die ich kennenlernen durfte und die mir ihre Zeit
und ihre Geschichten für dieses Buch geschenkt haben.

Bildnachweis

Umschlagabbildung vorne: Pola Fendel; hinten: Madeleine Alizadeh
Alle Fotografien © 2017 Marlen Mueller, außer:
Cover: Foto rechts © Johanna Misfeldt, Cover-Rückseite: Foto links © Andrea Cislaghi, Foto rechts © Wohnwaggon
Im Buch: Seite 5: © Andrea Cislaghi, Collage auf Seite 15: © Unsplash, Grafik Seite 24: © Esther Schwarz und Freepik,
Seite 16 Foto unten rechts und Foto in der Mitte: © Unsplash, Seite 41 Fotos und Zeichnung: © SA Tinyhouse University,
Seite 47 Foto rechts: © CUCULA, Seite 48: © Susanne Mierau, Seite 53 Foto links: © Daniel Frerix, Seite 54 Foto unten:
© Daniel Frerix, Seite 55: © Daniel Frerix, Seite 72–75 alle Fotos: © Johanna Misfeldt, Seite 76 Foto rechts oben: © Jois
Lundgren, Foto rechts unten: © Unsplash, Seite 83: © Unsplash, Seite 87 Foto rechts oben: © Alexander Niederhofer,
Mitte links: © Justine Siegler, Seite 88 Foto rechts oben: Johannes Wienke, Seite 93: © Justine Siegler, Seite 94 und Seite 98:
© Alexander Niederhofer, Seite 96 und Seite 97: © Justine Siegler und © Alexander Niederhofer, Seite 100, 103 und 104:
© Andrea Augustin, Seite 119 oben: © Marie Hochhaus, Seite 113 Foto rechts: © Jois Lundgren, Seite 134: © Andrea Cislaghi,
Seite 142, 143, 149, 153, 154, 155: © Jois Lundgren, Seite 162, 163: © Pia Schulze, Seite 170, 171: © Jois Lundgren, Seite 183
Foto oben und links: © Andrea Cislaghi, Seite 184 Foto oben: © Wohnwaggon; Foto Mitte links: © Andrea Cislaghi, Seite 196:
© Unsplash, Seite 216–221 alle Fotos: © Wohnwaggon, Seite 228–233 alle Fotos: © Andrea Cislaghi, außer Seite 230 Foto
oben: © FOUR PAWS | Bogdan Baraghin, Seite 235: © Unsplash
Alle Icons © Freepik

Impressum

In diesem Buch wird zur Vereinfachung einheitlich die männliche Form verwendet.
Gemeint sind aber immer beide Geschlechter.

Deutsche Originalausgabe
Copyright © 2017 von dem Knesebeck GmbH & Co. Verlag KG, München
Ein Unternehmen der La Martinière Groupe

6. Auflage 2017

Covergestaltung: Jois Lundgren (ljos.de)
Buchgestaltung: Esther Schwarz (estherschwarz.com) und Jois Lundgren
Satz: Esther Schwarz
Styling von Cover, Flatlays und DIYs: Andrea Augustin (myhomegirl.de)
Herstellung: VerlagsService Dietmar Schmitz GmbH, Heimstetten
Litho: Reproline mediateam GmbH, München
Druck: Print Consult, München
Printed in EU

FSC
www.fsc.org
MIX
Papier aus verantwor-
tungsvollen Quellen
FSC® C084279

ISBN 978-3-95728-038-1

www.knesebeck-verlag.de

MARLEN MUELLER

Marlen Mueller lebt als freischaffende Fotografin in Berlin. Die gebürtige Erfurterin hat in Weimar an der Bauhaus-Universität studiert. 2015 gründete sie zusammen mit ihrem Freund Thomas Adler das Online-Magazin *Urban Tenting*.